2016年度河南省社会科学普及项目
教育部高校环境与规划实验教学师范中心建设经费支持
中原经济区“三化”协调发展河南省协同创新中心支持项目
河南省高校科技创新团队（编号：16IRTSTHN012）支持项目

城市—区域综合发展系列丛书

解读中原地区三大国家战略规划与“一带一路”战略

INTERPRETATION OF THREE STRATEGIC PLANNING OF CENTRAL PLAINS REGION AND THE BELT & ROAD

张改素　丁志伟◎主编

北京

图书在版编目（CIP）数据

解读中原地区三大国家战略规划与“一带一路”战略/张改素，丁志伟主编．
北京：中国经济出版社，2017.5（2024.1 重印）
ISBN 978-7-5136-4671-0

Ⅰ.①解… Ⅱ.①张… ②丁… Ⅲ.①区域经济发展—研究—河南
Ⅳ.①F127.61

中国版本图书馆 CIP 数据核字（2017）第 069909 号

责任编辑 丁 楠
责任印制 马小宾
封面设计 久品轩

出版发行 中国经济出版社
印 刷 者 大连图腾彩色印刷有限公司
经 销 者 各地新华书店
开　　本 710mm×1000mm 1/16
印　　张 12.5
字　　数 167 千字
版　　次 2017 年 5 月第 1 版
印　　次 2024 年 1 月第 2 次
定　　价 58.00 元
广告经营许可证 京西工商广字第 8179 号

中国经济出版社 **网址** www.economyph.com **社址** 北京市东城区安定门外大街 58 号 **邮编** 100011
本版图书如存在印装质量问题，请与本社销售中心联系调换（联系电话：010-57512564）

序

张改素博士的《解读中原地区三大国家战略规划和“一带一路”战略》就要出版了。她邀我作序，缘于我曾经参与了三项国家战略和一项超级国家战略的研究，缘于我见证了一位山东姑娘在河南的成才之路和本书的成书过程。

《河南省粮食生产核心区建设规划》《中原经济区规划》和《郑州航空港经济综合实验区建设规划》是国务院批复的三大国家战略规划。2010 年以来，正是这三大战略带给河南省乃至中原地区诸多发展潜力和发展机遇，引领着经济社会朝着持续向好的发展方向迈进，助力着“决胜全面小康，让中原更加出彩”的奋斗目标逐渐“梦想成真”。虽然，近期河南省的国字号战略进入战略叠加期，出现了中国（郑州）跨境电子商务综合试验区、河南自贸区、郑洛新国家自主创新示范区、中原城市群等战略，但这三大国家战略始终发挥着引领性、前瞻性和统揽全局性的重要作用。

究其原因，国家粮食生产核心区战略是国家赋予的关系全国粮食安全的大战略，是支撑和保障其他战略得以顺利实施的基石；中原经济区战略在保障粮食生产任务和不以牺牲生态环境的前提下，旨在推进新型城镇化、新型工业化和新型农业现代化“三化”协调发展，是一项全方位谋划现代化建设的大战略；郑州航空港经济综合实验区战略是以空港经济为内核，强化核心城市辐射带动能力，建设内陆开放高地，实现内聚力牵引的开放式大战略。也就是说，在中原战略中，粮食战略是基石，经济区战略是全局，航空港战略是龙头，其他战略在这个宏大的战略框架中各得其所。

2015 年 3 月 28 日，国务院发布了《推动共建丝绸之路经济带和 21 世纪海上丝绸之路的愿景与行动》。“一带一路”建设是一项超级国家战略和国际战略，是我国现代化建设与世界和平发展的一项世纪伟业。2015 年 12 月 1 日，河南省发展改革委在省委、省政府的授权下正式发布了《河南省参与建设丝绸之路经济带和 21 世纪海上丝绸之路实施方案》。河南参与建设“一带一路”，以发挥优势、主动融入、服务大局为宗旨，把实施粮食生产核心区、中原经济区、郑州航空港经济综合实验区三大国家战略规划纳入“一带一路”框架内，构筑对外开放的全新大格局，形成我国内陆腹地支撑“一带一路”的“中原板块”。

如果说粮食战略是基石、经济区战略是全局、航空港战略是龙头，那么“一带一路”战略就是中原战略的“空间视野”或“空域”。把“一带一路”战略视为三大国家战略的实现平台与路径，是一个合乎逻辑的顺理成章的选择。

时至今日，三大战略的阶段性任务已渐次完成，参与“一带一路”建设初见成效，“决胜全面小康社会　让中原更加出彩”的目标正逐步实现。综观已有的三大战略和“一带一路”战略研究，多从政府推进、新闻解读、专家对话等层面展开，而基于专业知识背景对其解读的文献比较少，这不能不说是一个遗憾。在这个大背景下，在原有的研究基础上，河南大学“城市—区域综合发展”研究团队开始从学术视角诠释三大战略和“一带一路”战略，进而试图构建一幅“中原战略”“一揽子”世纪蓝图。团队重要成员张改素博士，于 2016 年申报成功河南省社会科学普及项目《解读河南省三大国家战略规划和“一带一路”战略》，现已结题，研究报告即为此书。

该书首先解读了河南省粮食生产核心区建设规划的战略背景、

形成过程、核心任务、空间布局和保障措施，其次解读了中原经济区战略的背景、形成过程、核心主题、空间规划和推进措施，再次解读了郑州航空港经济综合实验区建设规划的背景、形成过程、核心主题、空间规划和推进措施。在解读“一带一路”战略的背景、形成过程、战略使命与目标、核心主题、国际与国内参与、战略推进基础上，最后基于河南省具体情况，提出河南省参与“一带一路”建设的背景、融入路径与中原行动计划。

该书提出的脉络体系与解读内容，既具有一定的系统性、创新性和实用性与重要的学术、科研价值，又符合解读三大战略和“一带一路”战略的知识普及要求，是一本研究河南省国家战略颇具价值的基础工具书。该书的出版，一方面有助于加深普通民众对三大战略和“一带一路”战略的深度理解，另一方面又能为从事河南省粮食战略安全、中原经济区规划建设、郑州航空港经济综合实验区建设、“一带一路”战略等方面的科研人员和相关政府职能部门人员提供理论支撑，同时也能为破解河南省现代化建设的相关问题提供实践支撑。

张改素博士告诉我：她一个山东姑娘能成为中原学者的一员，为中原崛起、河南振兴做出力所能及的贡献，感到十分荣耀。是啊，中原儿女的赤子之心是中原地区最为宝贵的人文资源，中原学者的那一份沉甸甸的中原担当，一直是我们研究团队的内涵动力。

中原崛起——我们中原儿女的中原梦！

王发曾*

2017 年 1 月于河南大学明伦校区

---

* 王发曾：河南大学原副校长。

目录
CONTENTS

第一章

河南省国家粮食生产核心区建设规划

一、规划背景

（一）国家背景

农业是基础性产业，粮食生产则是基础中的基础，粮食始终是经济发展、社会稳定和国家自立的保障。粮食问题是一个关系国计民生的重要问题，尤其是对人口众多、处于发展中国家行列的中国而言。正如我们常用的数据“中国以7%的土地养活了世界22%的人口”中所显示的，中国的粮食生产取得了举世瞩目的成绩，为世界粮食生产做出了卓越的贡献。从长期趋势看，我国耕地减少、水资源短缺的问题不可避免，粮食增产的难度越来越大，随着人口的刚性增长和人民生活水平的提高，保持粮食长期供求平衡的任务依然十分艰巨。

国家在对未来我国粮食供需格局变化趋势和粮食增产潜力分析的基础上，从目标、战略、重点、分区定位等方面对未来的粮食生产能力建设做了总体谋划，于2006年10月颁布全国粮食生产发展规划（2006—2020年），用于指导各地科学安排粮食生产力布局，着力加强粮食综合生产能力建设。此外，为切实保障我国中长期粮食安全及维护世界粮食稳定，国家发展和改革委员会于 2008 年 11 月 13 日公布了《国家粮食安全中长期规划纲要（2008—2020 年）》。该纲要明确指出，要着力提高粮食综合生产能力，完善粮食流通体系，构建适应社会主义市场经济发展要求和符合我国国情的安全保障体系。

在各种粮食生产规划相继出台的历史背景下，作为粮食大省的河南省勇于承担责任，顺应时代发展的步伐，制定河南省粮食生产核心区规划是符合国家和地方战略规划的客观需要，是河南省按质按量完成粮食生产任务的重要保障。顺理成章地，河南省粮食生产核心区建设规划获得党中央和国务院的充分肯定和关心支持，并上升为国家粮食发展战略。在国家战略规划的引领和支持下，河南省的粮食生产在国家粮食安全格局中发挥着越来越重要的作用。

（二）区域背景

为了提高粮食综合生产能力，增强国家粮食安全保障程度，2009 年 11 月国家发展和改革委员会出台《全国新增 1000 亿斤粮食生产能力规划（2009—2020 年）》，规划中明确提出今后的粮食生产要优化布局，突出分区规划重点。其中黄淮海平原是我国小麦、玉米和稻谷的优势产区，承担新增国家粮食生产任务 329 亿斤，占全国新增产能的 32.9%。而河南省作为黄淮海区中的粮食生产大省，在国家增粮 1000 亿斤中的责任义不容辞。在该规划中，河南省承担增粮 155 亿斤的重任，占黄淮海区 47.1% 的增粮任务，是全国粮食生产核心区中名副其实的“核心区”。因此，综合考虑区域自然资源条件、经济社会发展水平和粮食生产基础，河南省着力制定粮食生产核心区规划，是河南省承担国家粮食生产任务的应有之义。

2009 年出台的《促进中部地区崛起的规划》一直强调中部地区是全国重要的粮食生产基地和现代农业基地，中部地区承担着口粮供应安全的国家责任。正如数据所显示的“中部地区以 10.7% 的土地面积，

23.5%的耕地面积和28.1%的人口，为全国提供了37.9%的稻谷和小麦”，足见中部地区在全国口粮保障体系中居于重要地位。河南省作为中部地区第一粮食生产大省，是中部地区的“粮仓”，更是“中国粮仓”，因此，河南省制定粮食生产核心区规划是承担中部地区粮食生产任务和实现“中部崛起”的必然选择。

可以说，抓好粮食生产，不仅是河南的政治责任和历史使命，也是河南立足自身条件和优势的战略抉择，更是实施“中部崛起”战略的强大支撑。在今后相当长的时间内，河南省粮食生产核心区将通过大力发展现代农业，改造基本农田，培育优良品种，实现农业现代化，继续为黄淮海平原粮食增产任务提供保障，为“中部崛起”提供重要的物质基础。

（三）省域背景

河南省总面积约16.7万平方公里，占全国总土地面积的1.74%。地处亚热带向暖温带的过渡地带，气候兼具南北之长，适合多种农作物生长，境内绵延起伏的山脉和黄河、淮河水的滋养，使中原大地物产丰富，为农业生产奠定了良好的基础。河南省粮、棉、油等主要农产品产量均居全国前列，是全国重要的优质农产品生产基地。

2014年底，河南省农业人口5843万人，占全省总人口（10662万人）的一半以上，是名副其实的人口大省、农业大省。身为全国人口大省、农业大省，河南省进行粮食生产核心区规划，不仅是为了满足全省1亿多人的粮食需求，更是粮食大省的担当。而且只有稳住了粮食生产，才能满足河南省自身发展的需要，才能为中部地区发展做出贡献，才能保障国家粮食安全。可以说，这既是河南省作为粮食大省的担当，也是作为农业大省的韬略。

纵观河南省近几年的国家战略定位，从国家粮食生产核心区到中原经济区、郑州航空港经济综合实验区、郑洛新国家自主创新示范区、中国（河南）自由贸易试验区和中国（郑州）跨境电子商务综合试验区，相继出台的六项国家战略虽各有侧重，但却没有粮食生产的保障，各项战略建设也难以为继。一言以蔽之，河南省粮食生产核心区建设是保障这些战略顺利实施的前提，有了粮食生产核心区的支撑，河南省的建设就有了腾飞的基础，而且河南省在全国发展大局中的地位也将进一步提升。

二、形成过程

（一）基础支撑阶段

1978 年以来，在改革开放的推动下，家庭联产承包责任制深入推行；农业机械化、电气化水平、农业科技水平不断提高；粮食直补、农资综合直补、良种补贴等一系列支农、惠农政策相继施行，是此时期粮食生产快速发展的主要推动力。在上述因素的共同作用下，河南省的粮食生产取得了辉煌成就，粮食生产总量逐年攀升。

21 世纪的头几年，河南省的粮食生产在既有基础上取得了一系列新的成就，既奠定了自身作为我国重要的粮食主产区和商品粮供应地的地位，又加强了它在国家粮食供求乃至粮食安全战略体系中的重要作用，也为河南省粮食生产核心区的建设规划奠定了基础。

（二）前期准备和策动谋划阶段

2005 年，河南在中部地区率先取消了农业税。中原地区农民不仅被免除了粮食生产上的税收和各种提留负担，而且得到了财政多方面的补贴。同年启动的社会主义新农村建设，更是加大了对农村发展的全面支持。这些措施都极大地激发了农民和涉农企业的积极性，为粮食增产和农业发展提供了强大动力。进一步，河南省委、省政府进行了一系列的决策和部署，集中 70% 的中央、河南省农业综合开发中低产田改造资金并整合涉农资金 2.5 亿元，集中投入到 24 个农业综合开发重点县，实施规模开发，着力打造河南粮食生产核心区，以期稳定提高粮食综合生产能力。

2006 年 5 月，河南省委、省政府进一步明确提出，河南不仅要成为国人的“大粮仓”，而且要成为国人的“大厨房”。河南省第八次党代会把“农业先进、工业发达”纳入“中原崛起”总目标和建设新河南的总蓝图，从而在发展理念、目标要求等层面确立了农业至高至重的位置和工农并举的指导原则。

据统计，2007 年，河南省粮食总产量达 1049 亿斤，其中，24 个农业综合开发重点县粮食总产量达到 400.15 亿斤，比上年增产 23.78 亿斤，占全省新增粮食产量 28 亿斤的 84.9%。突出重点，整合资金，合力改造中低产田的政策为河南省粮食生产核心区建设提供了更多质量优良的耕地，促进了农业的可持续发展，保障了河南省顺利完成粮食增长任务。

（三）组织与编制阶段

河南省省委、省政府从党和国家的利益出发，坚持立足实际、着眼大局，牢记责任、为国分忧，从河南人民的福祉出发，经过调查研究，广泛征求各方面意见，于 2008 年 6 月底向党中央、国务院上报了《关于加强河南粮食生产核心区建设探索建立国家粮食生产稳定增长机制的请示》和《国家粮食战略工程河南核心区建设规划纲要》。

2008 年 9 月，时任总书记胡锦涛在视察河南时，明确指示支持河南搞粮食核心区规划建设。总理温家宝和副总理李克强、副总理回良玉对河南的请示都非常重视，在短短几天内先后做出重要批示。按照总理温家宝等国务院领导的批示要求，由国家发改委牵头，财政部、水利部、农业部等 16 个部委共 110 多人组成国务院联合调研组，分七个大组十几个小组于去年 7 月到河南进行了为期八天的全面深入调研，形成了调研报告。

按照国务院领导同志的指示和国务院调研组的意见，河南省迅速着手《河南粮食生产核心区建设规划》编制工作。河南省委、省政府的领导同志对此高度重视，时任河南省委书记、省人大常委会主任徐光春同志亲自出席国务院调研组反馈会议，并强调要认真落实国务院领导批示和国务院调研组的意见建议，抓准、抓新、抓深、抓紧有关工作，切实把规划搞好，把河南粮食核心区建设的探索和试验做实、做好。

2008 年时任省委副书记、省长郭庚茂同志明确指出，要把河南粮食核心区规划建设作为关系全局的重大战略任务对待，切实做到以粮为基、促进“三农”、带动全局，要求高效率、高水平地做好规划编制工作。河南省委、省政府成立了由省委副书记陈全国同志牵头，省政府有关负责同志参加的领导小组，抽调省委办公厅、省发改委等 23 个部门的骨干力量组成起草组，于 2008 年 7 月开始夜以继日连续奋战两个月，编制完成了《河南粮食生产核心区建设规划》（初稿），随后又按照国家部委领导和有关专家的意见对《河南粮食生产核心区建设规划》进行了反复讨论、修改。

（四）上报与审批阶段

在《河南粮食生产核心区建设规划》通过中国国际工程咨询公司组织的专家评审和发改委、财政部、水利部、农业部等 16 个国家部委的共同审定后，河南省委、省政府于 2008 年 12 月底由国家发展改革委正式上报国务院。报告指出，近几年在很多省份粮食净调出量减少的情况下，河南省粮食产量和净调出量保持增长态势，为全国粮食供求平衡做出了重要贡献。同时指出，河南省发展粮食生产具有明显的优势，今后仍有很大的增产潜力。

编制和实施《河南粮食生产核心区建设规划》，不仅是维护国家粮食安全的重要举措，也有利于发挥河南省的优势；而且对促进农业稳定发展和农民持续增收有重要促进作用，完全符合党中央、国务院关于确保国家粮食安全的战略部署，意义十分重大。国务院常务会议原则同意河南省的规划方案并决定采取国务院领导同志传批的方式，予以批准。

经国务院同意，国家发展改革委于2009年8月以发改农经［2009］2251号文正式下发了《关于印发河南省粮食生产核心区建设规划的通知》。文件指出，河南省是我国粮食主产省之一，在全国粮食平衡中占有重要地位。在工业化、城镇化加速发展的大背景下，认真组织实施好《河南粮食生产核心区建设规划》，持续提高粮食生产能力，积极探索经济发展与粮食安全“双赢”的路子，对于保障国家粮食安全，走中国特色的农业现代化道路，具有重要的全局和战略意义。这体现了党中央、国务院对河南的充分肯定和关心支持，也给予了河南省做好“三农”乃至全面工作的巨大精神力量支持。

三、规划目标

明确了规划目标也就明确了前进的方向，明确了努力的着力点。未来的几年是河南省粮食生产核心区建设的重要阶段，也是河南省乃至全国全面建成小康社会的关键时期。建设河南省粮食生产核心区，同样也必须提出切合实际的具体发展目标，应该明确各阶段、各地区等应该完成的任务及要求，以便有重点、分步骤地持续推进。如《河南省人民政府办公厅关于粮食生产核心区建设规划的实施意见》所述，规划目标分为总体目标和具体发展目标两大部分：

（一）总体目标

到2020年，在保护好全省1022亿亩基本农田的基础上，粮食生产核心区用地稳定在7500万亩，粮食生产能力达到650亿公斤，使河南省粮食生产的支撑条件明显改善，抗御自然灾害能力进一步增强，粮食综合生产能力和农业综合效益显著提高，成为全国重要的粮食稳定增长的核心区、体制机制创新的试验区、农村经济社会全面发展的示范区。

根据规划目标和河南省人多地少和处于快速工业化、城镇化等客观情况考虑，保护基本农田的形势不容乐观。粮食生产任务是在一定的基本农田上进行的，丧失了基本农田，粮食生产也就无从谈起。因此，唯有切实做好保护农田的基本工作，才能保障粮食增产任务的顺利完成，才能不断提高土地资源对经济社会全面协调可持续发展的保障能力，从而使河南粮食生产核心区成为全面协调发展的示范区。

（二）具体发展目标

一是分阶段目标。全省粮食综合生产能力 2010 年达到 550 亿公斤，2015 年达到 600 亿公斤，2020 年达到 650 亿公斤。

从近阶段的建设情况看，2010 年，河南省全年粮食实际总产量为 543.7 亿公斤，且同年粮食及夏、秋粮总产量均再创历史新高。2010 年的生产能力虽然与《河南省人民政府办公厅关于粮食生产核心区建设规划的实施意见》中提出的 2010 年粮食生产能力达到 550 亿公斤的目标相比略有不足，但是比上年增产 4.8 亿公斤，增幅为 0.9%。2015 年河南省粮食总产量突破 600 亿公斤，达到 606.71 亿公斤，比上年增产 29.48 亿公斤，连续 12 年增产。从粮食生产量连年增长的强劲势头来看，河南省粮食生产能力有着巨大的潜力，并且有望在 2020 年实现 650 亿公斤的目标。

二是省辖市目标。根据各地的气候、土壤、水资源、粮食生产基础和整体经济发展状况，确定《河南省人民政府办公厅关于粮食生产核心区建设规划的实施意见》涉及的 15 个省辖市的粮食增产任务及年度目标。

到 2020 年，15 个省辖市中除了农作物耕种面积较小的鹤壁市和漯河市的粮食生产目标在 10 亿 ~ 20 亿公斤，大部分省辖市如洛阳、平顶山、焦作等市的粮食生产目标均高于 20 亿公斤。此外，南阳、商丘、信阳、周口、驻马店河南省五大产粮大市粮食生产目标均高于 60 亿公斤。河南省委、省政府针对各市农业生产条件，因地制宜，给各省辖市制定粮食增产任务及年度目标，以便于严格督查指导，推动粮食生产重大举措的有效实施。

三是分作物目标。根据作物区域布局、增产潜力等，确定小麦、玉米、水稻三大粮食作物的增产任务及年度目标。

《河南省人民政府办公厅关于粮食生产核心区建设规划的实施意见》中规定：小麦、玉米、水稻三大粮食作物到2020年的生产目标是分别达到337.5亿公斤、243.5亿公斤、49亿公斤；增产任务分别为：小麦39.5亿公斤，占增产任务的30.4%；玉米85亿公斤，占增产任务的65.4%；水稻5.5亿公斤，占增产任务的4.2%。河南省的小麦和玉米在保障国家粮食安全中的地位举足轻重，因此，《河南省人民政府办公厅关于粮食生产核心区建设规划的实施意见》中要充分体现小麦和玉米这两张王牌的优势，努力在高基点上实现粮食生产新突破。

四是95个县（市、区）目标。根据现有粮食生产水平和增产潜力，确定《河南省人民政府办公厅关于粮食生产核心区建设规划的实施意见》中涉及的95个县（市、区）的粮食增产任务及年度目标。

将粮食生产目标进一步细化到95个县，以便能够统筹安排各项建设任务，突出粮食生产能力建设的重点区域，而且这95个县控制着全省耕地面积的83.5%、基本农田面积的85%，其中的89个县是国家已认定的粮食生产大县，便于将建设任务落到实处，以确保粮食增产能力目标。

五是环保目标。到2020年，粮食生产核心区农业灌溉水利用系数达到0.67，灌溉定额达到205立方米/亩；高产田每季粮食作物亩施氮控制在12~14公斤，中低产田控制在10~12公斤；畜禽养殖场废弃物综合利用率达到100%；农作物秸秆综合利用率达到95%及以上；地表水质量达到水体功能区划要求，集中式饮用水源水质达标率达到100%；农村地区空气质量达到二级标准。

环保目标也是河南省粮食生产核心区建设所要遵循的原则，符合可持续发展的社会要求。落实建设粮食生产核心区中的生态农业规划部分，有利于促进粮食生产核心区的可持续发展，以保证粮食增产任务的顺利完成。

四、核心任务

河南省粮食生产核心区规划以强力推进中低产田改造为重点，以巩固提升高产田为支撑，以打造吨粮田为方向，核心主题为以下七大建设任务：

（一）加快水利设施建设，做到旱能浇、涝能排，增强粮食生产抗御水旱灾害能力

水利设施是现代农业建设不可或缺的首要条件，是经济社会发展不可替代的基础支撑，是生态环境改善不可分割的保障系统，具有很强的公益性、基础性、战略性。按照规划所述，农业水利设施对保障河南省粮食安全、发展现代农业、促进农村经济社会发展、提高农业综合生产能力具有重要作用，因此加快中原地区的农田水利设施，对提升河南省的农业综合生产能力具有重要的现实意义。农业是第一产业，“民以食为天”，农村生产的发展首先是以粮食为中心的农业综合生产能力的发展，而农业综合生产能力提高的关键在于农业水利工程的建设。此外，加强农业水利工程建设还可以提高对天上水、地表水的控制能力和抵御旱涝自然灾害的能力，促进农业生产可持续发展。

（二）建设高标准农田，夯实粮食生产稳定增长基础

大规模建设高标准基本农田、大力推进农村土地整治，是实现耕地数量管控、质量管理和生态管护目标，促进粮食安全、经济安全和生态安全有机统一的有效抓手，也是贯彻新型资源观和新型资源管理观，推动土地利用管理方式转变的重要途径。因此，在当前和今后一段时期，河南省应大力推进农村土地整治工作、大规模建设高标准基本农田，有

效解决耕地分割细碎质量较低和农田环境恶化等问题，增强农业抗灾能力，提高粮食综合产能，既可以提升粮食安全保障能力，又可以加快推进以转变农业发展方式为主线的特色农业现代化，还有利于农民收入的持续增长与宜居家园建设。

（三）加快农业科技创新，增强粮食生产的科技支撑能力

习近平总书记在考察农业调研时经常强调，农业的出路在于农业现代化，农业现代化的关键在于科技进步和创新。因此，河南省粮食生产区建设规划比以往任何时候都更加重视和依靠农业科技进步，提出了走内涵式的农业科技创新发展之路。加快农业科技创新，是以科学发展观统领农业农村工作的内在要求，是科学发展观在农业农村工作中的具体运用和落实，是加快发展现代农业、扎实推进新农村建设的必然选择。因此，《河南粮食生产核心区建设规划》提出要加快农业科技创新，增强粮食生产的科技支撑能力，就是要充分认识加快农业科技创新的重要性和紧迫性，把农业科技创新事业摆在“三农”工作的重要位置，努力把农业科技创新提高到一个新水平，使科技成为增强粮食生产的强大支撑。

（四）发展循环农业，提高粮食生产可持续发展能力

河南省作为农业大省，大力发展循环农业，减少农业温室气体排放，是应对全球气候变化和提高农业可持续发展能力及生态文明建设的必然选择。近年来，河南省现代农业建设加快推进，取得了巨大成就，但农业保供给、保收入、保安全、保生态的压力越来越大，农业发展已经到了必须加快转变发展方式，更加注重合理利用资源、更加注重保护生态环境、更加注重推进可持续发展的历史新阶段，河南省粮食生产核心区展循环农业势在必行，大力发展循环农业的意义重大而深远。因此，《河南粮食生产核心区建设规划》提出要发展循环农业，改变农业已有的发展方式，要走集约利用耕地资源、优化农业生态环境、持续提升农业生产效率的可持续发展之路。在循环农业、绿色农业、生态农业战略规划的支撑下，河南省粮食生产的可持续发展能力必然会大大提升。

（五）加强农村劳动力培训，提供粮食生产人力资源保障

目前，河南省农业大都是家庭小规模经营，促进家庭小规模经营向现代农业规模经营转变是河南省粮食生产核心区建设的重要任务之一，而农业规模经营必须以农民的大规模转移和培养一批懂技术、会经营的现代农民作为前提。因此，《河南粮食生产核心区建设规划》提出要加强农业劳动力培训，促进现代化新型农民培育，为粮食生产提供人力资源保障。加快新型职业农民的培育，是解决农业规模经营的重要手段，能为粮食生产提供现代化的人力资源保障。面对河南省当前农村新型职业农民缺乏和大批农民进城务工的局面，亟须对农民进行实用技术培训和技能培训，提高农民的现代化知识储备和现代化技能。此外，对农村劳动力进行培训，能够有效地提升农民自身的素质，有利于解决农业、农村和农民的基本问题，对促进城镇劳动力均衡发展能起到重大作用，为河南省粮食生产核心区建设提供充足的高素质人才。

（六）加快市场体系建设，构建粮食生产现代流通平台

市场体系对引导农业产业体系发展方向和带动河南省粮食生产核心区农业专业化、产业化和规模化发展具有重要影响。近年来，河南农产品市场体系建设取得了长足发展，在服务“三农”、保障和改善民生方面发挥了重要作用。但总体上看，河南省农产品市场体系依然薄弱，流通成本高、流通效率低的问题仍然突出。因此，《河南粮食生产核心区建设规划》提出要加快市场体系建设，构建粮食生产现代流通平台。等措施，这不仅对加强粮食宏观调控，确保粮食安全，增加农民收入，保护粮食综合生产能力有重要意义；而且对降低粮食流通成本，提高粮食流通效率，促进粮食产业持续、协调发展具有重要意义。

（七）推进农业产业化，形成以工促农、以城带乡的发展格局

农业产业化是推进农业现代化的重要途径，是农业体制的创新和生产经营方式的变革，是在巩固家庭联产承包责任制的基础上，把小生产变为大生产等重大举措，是实现农业规模化、集约化、企业化经营的有效途径，也是农村稳定，农业增效，农民增收的有力措施。因此，《河南粮食生产核心区建设规划》提出要着力推进农业产业化，形成以工促农、以城带乡的发展格局。在农业产业化的农业发展模式带动下，有利于推动传统农业向现代农业转型，有利于形成"工业反哺农业，城市支持农村"的良性发展道路。因此，在今后一段时间内，推进农村产业产业化，形成以工促农、以城带乡的良好局面，是当前河南省粮食生产核心区规划建设工作的重中之重。

五、空间规划

河南省政府公布河南省粮食生产核心区建设10年规划中明确指出，河南省在黄淮海平原、豫北豫西山前平原和南阳盆地三大区域，选择了基础条件好、现状水平高、增产潜力较大、集中连片的95个县（市、区）作为河南粮食核心区的主体范围。

（一）黄淮海平原区

黄淮海平原又称华北平原，主要由黄河、淮河、海河冲积而成，行政区划上主要涉及北京、天津、山东、河北、河南、安徽、江苏5省2市。黄淮海平原区域人口数量多，约占全国总人口的26%。该区域现有耕地约为$32.9\times10^6hm^2$，约占全国总耕地面积的40%，是国家重要的农业经济区和粮食生产核心区。黄淮海平原属暖温带季风气候，四季分明，淮河以南属于北亚热带湿润气候，以北则属于暖温带湿润或半湿润气候，农作物大多为两年三熟，平原南部一年两熟。该区域宜农土地

资源丰富，光、热、水等资源配置良好，是我国重要的农产品生产基地，对国家的粮食安全起到了重要的保障作用。

黄淮海平原有河南四大产粮大市：商丘、周口、驻马店、信阳。其中，作为小麦和玉米“生产大户”的商丘、周口、驻马店三市要继续发挥小麦和玉米的种植优势，保障粮食生产任务的顺利完成，积极为河南省粮食生产核心区建设贡献力量。到2020年，三市小麦粮食目标总计为129.25亿公斤，占全省小麦生产目标的38%；玉米粮食目标总计为94.05亿公斤，占全省玉米生产目标的39%。信阳市由于其特殊的地理位置，具有发展水稻生产的优越区位和自然条件，2020年的水稻生产目标为35亿公斤，承担全省水稻生产目标的一半以上。

河南省粮食生产核心区建设规划95个县（市、区）中有65个县（市、区）位于黄淮海平原（见表1-1），这些县（市、区）粮食产量占河南省粮食总产量的一半以上，是河南省小麦、玉米的主产区，因此，黄淮海平原粮食生产区是河南省粮食生产核心区建设规划的主体。

表1-1　黄淮海平原区包含的县（市、区）

区域	所属地级市	县（市、区）
黄淮海平原区	安阳市	内黄县、滑县
	濮阳市	清丰县、南东县、范县、濮阳县、台前县
	鹤壁市	浚县
	新乡市	原阳县、延津县、封丘县、长垣县
	商丘市	梁园区、睢阳区、民权县、宁陵县、柘城县、虞城县、夏邑县、永城市
	开封市	杞县、通许县、尉氏县、开封县、兰考县
	许昌市	许昌县、鄢陵县、襄城县、禹州市、长葛市
	平顶山市	叶县、汝州市、郏县
	漯河市	郾城区、舞阳县、临颍县
	周口市	扶沟县、西华县、商水县、沈丘县、郸城县、淮阳县、太康县、鹿邑县、项城市
	驻马店市	驿城区、西平县、上蔡县、平舆县、正阳县、确山县、泌阳县、汝南县、遂平县、新蔡县
	信阳市	浉河区、平桥区、罗山县、光山县、固始县、潢川县、淮滨县、息县、商城县

（二）山前平原区

山前平原分布于豫西、豫北，处于我国第二、第三阶梯的过渡地带，地势基本呈西高东低走势，由山地、丘陵、山间盆地和平原构成，生物多样，资源丰富。地处北暖温带，属大陆性季风气候，四季分明，水热条件适宜，雨热同期。众多河流加上丰富的地下水资源，使灌溉条件十分优越。除此之外，人工修筑的引沁渠、广利渠和引黄水渠——共产主义渠，以及南水北调工程途经此地，进一步地优化了灌溉条件，使得这里成为河南省粮食生产核心区小麦、玉米等的主产区，也是我国重要的小麦、水稻、玉米等粮棉生产基地，具体县（市、区）见表1－2。

表1－2　豫北豫西山前平原区包含的县（市、区）

区域	所属地级市	县（市、区）
豫北豫西山前平原	安阳市	安阳县、汤阴县
	洛阳市	孟津县、宜阳县、洛宁县、伊川县
	鹤壁市	淇县
	新乡市	卫辉市、辉县市、新乡县、获嘉县
	焦作市	修武县、博爱县、武陟县、温县、沁阳市、孟州市

（三）南阳盆地

南阳盆地位于河南省西南部和湖北省西北部的边缘地带。三面环山，北为伏牛山，东为桐柏山，西为丹江和唐白河间的分水岭。该区域人均耕地面积大，土地类型多样，荒山荒地利用潜力大，盆地四周大山的屏障使得冷空气不易进入，气候温和，冬无严寒，夏无酷暑，局部小气候条件优越，适宜发展多种农业生产。且区域内河流众多，地表水和地下水资源丰富。蓄水工程广布，储水总量多，区域内拥有南水北调水源地丹江口水库、鸭河口水库大型水库2座，中型水库19座，小型水库200余座，水资源综合开发潜力大，为农业发展提供了广阔的空间。南阳盆地盛产小麦、杂粮、水稻和棉花、芝麻、烟叶等，是河南省粮食生产核心区商品粮、油、棉、烟基地之一。

南阳盆地粮食产区的主体为南阳市，具体区域为以下13个县（市、区）：宛城区、卧龙区、方城县、镇平县、社旗县、唐河县、桐柏县、邓州市、新野县、南阳县、西峡县、内乡县和淅川县（见表1－3）。《河南省粮食生产核心区规划》中明确指出到2020年，南阳市小麦产量目标为40亿公斤，约占全省小麦生产目标的12%；玉米产量目标为25亿公斤，占全省玉米生产目标的10%，在保障河南省粮食生产核心区建设顺利完成粮食增产任务中责任重大。

表1－3　南阳盆地包含的县（市、区）

区域	所属地级市	县（市、区）
南阳盆地	南阳	宛城区、卧龙区、方城县、镇平县、社旗县、唐河县、桐柏县、邓州市、新野县、南阳县、西峡县、内乡县和淅川县

（四）粮食生产能力分区建设重点

参照《河南粮食生产核心区建设规划》《河南省综合农业区划》，把全省划分为粮食生产核心区和非粮食生产核心区2个区（见图1－1），其中粮食生产核心区又分豫北豫西山前平原区、黄淮海平原北部区、黄淮海平原南部区和南阳盆地等4个亚区。在分析各地的耕地质量结构、自然资源条件、农业物质装备水平（机械化率和灌溉率）、种植结构、社会经济发展水平、粮食产能潜力差异等的基础上，按照耕地质量特征和存在问题基本类似，行政区边界基本保持完整的原则，在部分亚区内又进行了细分，分别提出重点建设措施。

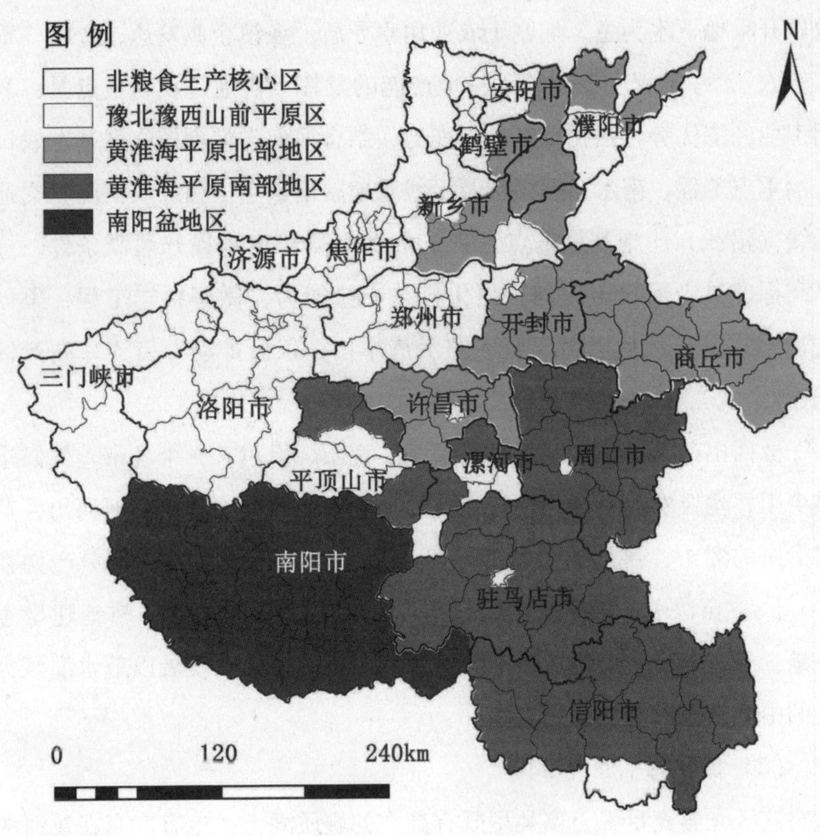

图 1-1 粮食核心区

1. 粮食生产核心区

（1）豫北、豫西山前平原区

豫北山前平原区包括焦作下辖各县及新乡的辉县、卫辉、获嘉、鹤壁的淇县、安阳市的安阳、汤阴等共 12 个县市。该区光温充足，土壤类型主要是洪水冲积母质发育的褐土和壤质潮土，土层深厚，地下水含量丰富，灌溉水平高，耕地质量在全省乃至全国均属于较高水平。现实产量水平和潜力产量水平均较高，粮食增产属于“高产再高产”过程。农业生产的主要限制条件是年均降雨量小，降雨季节分配不均。虽然灌溉保证率高，但过量开采地下水，已形成几个较大的漏斗区；工业用水也以开采地下水为主，加剧了农业用水矛盾；乡镇企业发达，造成“重工轻农”，一定程度上制约了耕地产能的发挥。耕地建设的重点是：利用工业经济优势，强化以工补农能力，结合河南省粮食核心区基本农田整治重点工程、南水北调渠首及沿线土地整治重点工程以及河南省交通干线（沿线）土地复垦重点工程，重点保障和稳步提升灌溉条件，提高高标准旱涝保收田比例；强化科技支撑能力，做好粮丰工程，争创“高产再高产”，利用高产典型的示范作用，积极推动万亩连片高产区创建。

豫西山前平原区涉及孟津、洛宁、宜阳、伊川共4个县市，气候干热少雨，主要农业土壤为发育在黄土丘陵台塬的褐土和伊洛河河川、黄河沿岸的潮土，耕地质量等级较低。以县为单位统计，耕地单产均在300千克/亩以下。主要障碍因素是土壤侵蚀、干旱少雨。耕地建设重点是：通过河南省豫西坡耕地整治重点工程的实施，发展以节水灌溉为主的中低产田改造。

（2）黄淮海平原北部区

该区光温充足，土壤类型既有高产的壤质潮土，也有广布在黄河故道的中低产的沙质潮土，风沙土经多年治理耕地质量也明显提高，背河洼地存在不同程度的排涝问题和盐碱化影响。耕地面积大，土地平坦，易耕性好，灌溉排水设施不断改善，灌溉保证率和旱涝保收田面积也居于全省前列，背河洼地具有因地制宜，发展水稻种植的优势。近十几年来，该区粮食产量单产水平不断提升，粮食单产目前居于全省的高产和中高产水平，大部分县市单产面积产量达到了与豫北太行山前平原区产量水平接近的程度。

该区农业生产的主要限制因素是：土壤质地沙化、保水保肥能力差，作物生长后期易脱水脱肥；地下水资源丰富但存在过度开采现象，部分地区已造成严重的地下水漏斗；农业基础设施不足，过去“引黄灌溉”中总结的渠灌和井灌相结合的经验优势没有充分发挥，没有充分利用国家分配的引黄水指标；降水时空分布不均，常年受旱涝灾害影响，旱灾是主要威胁；局部地区属于低洼地，雨季易涝。该区自然条件和社会经济条件都有利于开展大规模机械作业，又处于河南省经济发展条件相对较好的地区，具有发展现代农业，促进规模经营的优势。该区农业科研力量优势明显，中国科学院封丘生态试验站、中国农科院新乡灌溉研究所、鹤壁市农科院都是全国知名的农业科研机构，科研支撑体系完善，有多处万亩高产连片示范田。

该区耕地质量建设重点是：结合土地整治重点工程，如粮食核心区基本农田整治重点工程、南水北调渠首及沿线土地整治重点工程、重点能源、矿产基地土地复垦重点工程、交通干线（沿线）土地复垦重点工程、城乡统筹区域建设用地整治示范工程、黄河滩区土地整治重点工程等，按照因地制宜原则，在沙质潮土和风沙土地区坚持发展“平原绿化”，建立以农林间作为特色的综合农业区。在继续完善灌溉设施，建设旱涝保收的高标准农田的同时，还应大力推进土地规模经营，建设能充分利用科研资源优势的平台和机制，加强与中国科学院、中国农科院的科研合作。

（3）黄淮海平原南部区

该区可分为淮北区和淮南区。淮北区主要包括许昌、周口、漯河、驻马店和平顶山东部；淮南区主要指信阳。

淮北区光照略低于黄淮海北部区，气候温暖湿润，但地势低洼易涝。主要农业土壤类型是黏质潮土和砂姜黑土，西部伏牛山和平原过渡地带（主要包括平顶山东部三县和驻马店的泌阳）的丘陵垄岗地带分布有黄褐土。该区灌溉条件明显低于黄淮海北部区，多数县市灌溉保证率不足40%，有些甚至在20%以下。农业生产的限制因素主要是地势低洼易涝，灌溉排水条件不足，土壤质地粘重，秋季丰水季节易涝，限制了秋作物播种面积的发展。但其优势是土壤保水保肥能力强，养分含量高，土层深厚，秋粮增产潜力较大。近年来，周口、漯河等灌溉条件较好的县市粮食单产上升较快，已达到黄淮海北部区产量水平。但驻马店、平顶山所属县市耕地单产仍偏低。

淮北区耕地建设重点是：结合土地整治重点工程，如粮食核心区基本农田整治重点工程、南水北调渠首及沿线土地整治重点工程、重点能源、矿产基地土地复垦重点工程、交通干线（沿线）土地复垦重点工程、城乡统筹区域建设用地整治示范工程、黄河滩区土地整治重点工程等，充分利用地形平坦的优势，着力推广机械化作业，减轻土质黏重对耕作影响。大力发展农田水利建设，改变目前灌溉保证率较低和旱涝保收田比例较低的局面。水利设施排灌并重，提高排涝、灌溉能力，发展灌溉以沟灌、渗灌、喷灌为主，减少畦灌和大水漫灌；改变传统种植方式，提高精细化种植水平，在高产稳产田建设的基础上，明显提高秋粮比例，尤其是玉米播种面积。加大中央和省财政对周口、驻马店经济条件相对落后区的扶持力度，重点安排土地整理项目，力争耕地资源总量有所增加；通过产业扶持，引导该区人口向重点建设区或当地中心城镇转移，促进土地规模经营；积极引导和鼓励农业科技创新，多安排地方和国家、省部级科研单位合作项目，争创高产典型和万亩连片高产示范区。

信阳是全省水热资源最丰富的农业区，但春季多低温连阴雨，秋季降温过速也给农业生产带来了不利影响。该区农业土壤主要是水稻土，高产的潴育型水稻土与中低产的潜育型、淹育型和漂洗型水稻土分布受地形控制，土壤资源与中低产土壤资源插花分布。仅从耕地地力分等结果来看，信阳高产田比例并不高，但是信阳市粮食单产与总产近十几年来一直在全省名列前茅，除北部的息县和淮滨外，其他各县的播面单产都在450千克/亩以上，播面单产水平在全省仅次于焦作。可见粮食生产能力是个综合产能的概念，不仅与水热、土壤等资源条件有关，与作物类型与品种也有很大的关系。按总产比较，北部的息县、固始县、潢川县、罗山较高，而平桥区、浉河区和信阳市南部的光山、新县、商城则较低。粮食核心区建设中已确定除信阳新县以外的其他各县划入粮食核心区主体范围。当前，信阳农业生产的主要障碍是灌溉水平和旱涝保收的高标准农田比例较低。

信阳耕地建设的重点是：结合土地整治重点工程，如粮食核心区基本农田整治重点工程，进一步加大农田水利设施，建设高标准农田，着重加强平畈和丘岗地区的农田水利设施，重点将耕地面积大、单产水平低的息县、淮滨的产量水平提上来；进一步稳定和持续发展其他各县的粮食生产，确保固始、潢川等种粮大县的地位不动摇；高度重视农业科技推广，尤其要注重水稻良种繁育和推广及高产稻种的配套栽培和施肥技术推广。信阳物产丰富，除粮食生产外，还是茶产业发展重点区，南部四县罗山、光山、商城、新县还是生态重点保护区；区域内水源丰富，河、库、塘、堰、坝星罗棋布，有利于发展淡水养殖业，家禽和畜牧养殖业的发展也有资源优势，是全省重要的副食品外贸基地。因此，本区的农业发展比任何其他地区都更强调因地制宜，发展粮食生产与加强生态保护和农林牧副渔结合。做好生态移民，促进人口向重点开发地区转移。进一步加大财政扶持和重大项目倾斜，利用好有利条件，发展茶产业等名优特产品，提高农业综合产出，发展优质农产品加工本地化，实现以工补农，以农补农。

（4）南阳盆地

南阳盆地是一个北、西、东地势较高，地形由北向南倾斜的簸箕状盆地。北部、西部和东部山区适宜林草种植。中部、南部地势平坦，是重要的农作区。该区农业土壤以分布垄岗的黄褐土和平原区的砂姜黑土为主，河谷平原分布有零星潮土。其农业开发优势在于气候条件优越，积温较高，耕地面积基数较大，总产潜力大。制约这一区域农业生产的主要因素是降雨时空分布不均、夏季暴雨强度较大，旱涝灾交替发生；土质黏重，多砂姜；农业基础条件差，灌排设施不配套，可灌溉耕地比率为45.8%，旱涝保收田比例仅为32.9%，粮食单产长期处于较低水平。

南阳盆地耕地建设重点是：结合粮食核心区基本农田整治重点工程、南水北调渠首及沿线土地整治重点工程、重点能源、矿产基地土地复垦重点工程、交通干线（沿线）土地复垦重点工程、城乡统筹区域建设用地整治示范工程等，将农田水利建设与中低产田改造结合起来，健全农田灌排系统，提高灌溉与排水能力，大力建设高标准高产稳产田；在高产稳产田建设的基础上，明显提高秋粮比例，尤其是玉米播种面积；加大中央和省财政对南阳的扶持力度，重点安排土地整理项目，力争耕地资源总量有所增加；通过产业扶持，引导该区人口向重点建设区或当地中心城镇转移，山区重点安排生态移民，退耕还林。

2. 非粮食生产核心区

该区除郑州以东中牟和新郑东南部属于平原以外，其他县市主要分布在山地丘陵区，气候属于豫西北丘陵高热少雨区和豫西山地温凉湿润区，农业灌溉条件和土壤条件均相对较差，耕地质量等级较低。按照其资源优势、经济发展水平与功能定位，该区粮食保产任务大，增产任务小，生态保护任务重。

该区农业生产的主要限制条件较多，自然条件差异对区域粮食单产的影响很明显。可灌溉农田比例和旱涝保收田比例低、光照和积温不足，适宜耕作的优质土壤主要分布在偃师、郏县、宝丰、叶县、荥阳、中牟、新郑。按县统计，只有济源、偃师、宝丰、郏县、中牟、新郑在300～400千克/亩的水平。

非粮食核心区耕地建设的重点是：避免盲目追求耕地总量平衡，不侵占生态用地。应着重发挥经济条件好的优势，促进以工补农，进一步因地制宜发展灌溉，提高旱涝保收的高标准农田比例；根据资源条件，在黄土丘陵和台地重点发展旱作农业、节水农业；通过提高单产，保障粮食总产，为发展粮食作物以外的蔬菜、花卉、林果节约更大的空间。该区是全省科技人员、科研结构和科研经费投入的优势区，应利用好优越的科研优势，构建完善的农业科技支撑体系。该区是全省矿产资源分布的优势区，也是地质灾害经常发生的重点区，要做好矿区土地复垦，加强地质灾害预防预报，减少灾毁耕地面积，为粮食生产和新增建设用地争取更大的空间。

六、保障措施

（一）政策保障

1. 按主体功能区定位，实行差别化绩效考核办法

对重点开发区域实行工业化和城镇化水平优先的绩效评价。综合评价经济增长、吸纳人口、质量效益、产业结构、资源消耗、环境保护以及外来人口公共服务覆盖面等。主要考核地区生产总值年增长率、财政收入占地区生产总值比重、工业增加值占地区生产总值比重、服务业增加值占地区生产总值比重、城市化率、工业用地投资强度、非农产业就业比重、单位地区生产总值能耗和用水量、二氧化碳排放强度、主要污染物排放总量控制率、“三废”处理率、大气和水体质量、吸纳外来人口规模等指标。

对农产品主产区和生态功能区分别实行农业发展优先和生态保护优先的绩效评价。对农产品主产区要强化对农产品保障能力的评价，弱化对工业化、城镇化相关经济指标的评价，主要考核农业综合生产能力、农民收入等指标，不再考核地区生产总值、投资、工业、财政收入和城镇化率等指标。对生态功能区，实行生态保护和修复优先的绩效评价，弱化对工业化、城镇化相关经济指标的评价，主要考核大气和水体质量、水土流失治理率、森林覆盖率、生物多样性等指标，不再考核地区生产总值、投资、工业、农产品生产、财政收入和城市化率等指标。

2. 落实和强化支农惠农政策，提高农民种粮的积极性

第一，进一步加大支农惠农力度，力争国家在粮食调出大省的良种补贴、种粮直补等政策的基础上，进一步提高粮食主产区粮食收购价格，根据调出商品粮数量对粮食调出省进行奖励，按照“谁受益，谁补偿”的原则，由国家和粮食主销区对粮食主产区给予补偿。第二，加大对种粮农民和粮食生产大县的直补力度，改变支农惠农资金“毛毛雨”的现状，使粮食主产区支农惠农力度显著高于一般粮区。第三，国家层面在粮食主产区重点安排与农业有关的工业项目，加大对涉农工业企业在金融、税收、技术等方面的扶持力度，促进粮食主产区涉农工业发展，促进农业现代化。第四，加大对粮食和优势农产品生产基地的建设投入，加大种子、化肥、植保、灾害预防等科技支撑体系建设，提供免费农业科技咨询，建立长期稳定的农业科技宣传、教育和示范体制。第五，支农惠农的力度与农业经营的规模挂钩，加大对规模经营农户的支持力度，引导和促进农业规模经营。

3. 实行城乡之间用地增减挂钩、人地挂钩和地区间人地挂钩试点政策

城镇建设用地的增加要与本地区农村建设用地的减少相挂钩，城市建设用地的增加规模要与吸纳农村人口进入城市定居的规模挂钩，城市化地区建设用地的增加规模要与吸纳外来人口定居的规模挂钩。相对适当扩大重大开发区域建设用地规模；严格控制农产品主产区建设用地规模，严禁生态功能区改变生态用途的土地供应。妥善处理自然保护区农地的产权关系，引导自然保护区核心区人口逐步转移。在执行上述政策的基础上，建立区域间“耕地占补平衡”指标交易制度，国家级重点开发区和省级重点开发区土地供应压力大的地区可以在耕地资源相对充裕的农业重点开发区实现异地占补平衡，科学引导耕地布局优化。相应地，粮食产量目标任务难度大的地区也可以通过与粮食综合产能高的地区建立经济互助机制，异地投资农田整治，保障全省粮食综合产能目标

的实现。

（二）法律保障

1. 探索农用地确权的新途径

第一，在农地确权的基础上，建立农地流转的资本市场，促进农村土地规模经营。在法律上对“农地使用”进行确权，向农民颁发农村土地使用产权证，建立农村土地使用产权交易所，兴办农村土地合作经济组织，促进土地规模经营，开展一体化经营和深加工，带动产业发展，促进农民增收。第二，在农地确权的基础上，修改和完善其他相关法规，或者制定地方性法律，改变当前农村集体用地所有权被虚置的现实。在建立耕地转用许可证制度的同时，建立城乡一体化土地省辖市场，提高耕地征用成本，杜绝土地财政，从而强化建设用地的有偿使用，确保农民在土地流转中的合法权益。

2. 严格执行土地用途管制制度

严格执行《土地管理法》《土地管理法实施条例》《农村土地承包法》《基本农田保护条例》，加强社会舆论宣传和教育，提高社会各界自觉保护耕地的意识。强化土地利用总体规划的法律地位，建立《土地利用规划和城市建设规划的无限期公示制度》，土地用途转换接受社会监督，建立简便的土地违法举报程序，成立独立的土地违法案件处理部门，从制度上和机制上确保土地违法案件，从快、从严得到处理，保证耕地保护目标真正落实。

（三）经济投资保障与推进措施

1. 加大基本农田建设投资与财政转移支付力度

第一，加大对粮食核心区基本农田建设投资，加大农业综合开发投入的财政预算比例，取消粮食主产区农业综合开发项目配套。通过加大财政转移支付，引导和促进农业重点开发区在土地整理的基础上，增加耕地面积，提高基本农田比例，建设高标准基本农田。第二，加大财政对粮食主产区的财政转移支付力度，提高对粮食主产区农民的种粮直补力度，逐步实现灌溉、农机、良种、配方肥的统一供给和全面补贴，削减种粮成本，提高农业收益。

2. 探索多途径、多渠道增加投入—产出的激励机制

在保护和改善生态环境的前提下，按照“谁投资、谁受益”原则，建立土地开发整理奖励机制，调动经济组织和个人加大投入的积极性，吸引社会资金投入，逐步形成土地投入的良性循环机制，推进土地开发整理产业化，进一步强化粮食主产区的基本农田整治和农村建设用地整理，提高土地质量，改善土地生态环境，提高耕地的农业综合生产能力。进一步完善新增建设用地土地有偿使用费的使用和管理，确保新增建设用地土地有偿使用费收入全部用于基本农田建设和保护、土地整理、耕地开发等支出。

3. 建立耕地保护经济补偿机制

第一，要着力推进城乡统一的省辖土地市场建立，大幅度提高占用耕地成本，在耕地征用许可的条件下，按土省辖市场价格，进行耕地占用补偿。第二，逐步建立统一、动态的农省辖市场价格体系，拉大耕地占优与占劣的经济支付差距，使地价、土地税等经济杠杆真正发挥调控作用。第三，城市化地区通过有偿使用规划建设用地指标，不能完成区内耕地占补平衡的，在省级国土管理部门的统筹协调下，有计划地落实“易地代补”指标，按城镇化重点开发区同期市场价格，支付农业重点开发区耕地征用资金。逐步建立起与河南省工业化、城市化以及农业现代化水平相适应的耕地保护反馈机制，以城镇和工业重点开发区带动和补贴农业重点开发区社会经济发展，真正落实“以工补农、以城带乡”。

4. 发展现代粮食流通市场

第一，要加快发展现代粮食物流业，提高粮食流通效率。加快发展现代粮食物流业，实现粮食市场多渠道，让市场真正起到引导生产和消费的作用。创新流通渠道，构建粮食物流网络，充分发挥其集聚、辐射功能，为粮食流通提供服务。第二，依托龙头企业，实现连锁经营规模化和品牌化。依托双汇、三全、白象等农业龙头企业上联市场、下联生产基地和农户，引导其不断壮大连锁网络，将更多的名特优新产品推向市场，打响品牌，提高农产品附加值，开展多种经营，提升综合效益。第三，完善粮食流通信息网络，逐步完善流通体系。各地粮食部门要完善粮食经营信息统计报告制度，并加强对粮食供应与需求的分析和预测，为粮食生产、经营和加工提供信息帮助，引导农业生产。建设网络设施及交易场地，提升现有的交易方式，并提供准确快捷的信息服务。第四，推进农业标准化生产，切实保障农产品质量安全。围绕发展无公害农产品、绿色食品、有机食品和出口农产品，对农业产地环境、农业投入品、生产过程和产后加工、包装实施全过程标准化管理。严格落实农产品质量安全监管措施，引导农产品生产企业、农民合作社建立健全生产档案，农产品收购、储存、运输企业建立进货查验、质量追溯和召回制度，实现农产品生产、加工和销售全程可追溯。

（四）技术支撑与保障

1. 做好规划协调

重点做好土地利用总体规划与城市、村镇、交通等相关规划的协调，有关规划必须符合土地利用总体规划确定的用地规模。尤其是要做好城市建设规划与土地利用总体规划的衔接和协调，鼓励和促进城市规划创新思路，第一，通过加强当前开发区、产业集聚区、大学城等最近几年新发展区域的教育、医疗、金融、商服、交通、住宅、通信等配套设施，以及通过“城中村”改造等，盘活存量建设用地，提高土地利用率。第二，通过城市投资加强周边农村居民点整治、“空心村”改造、砖瓦窑场、工矿企业废弃地整治为新增建设用地提供用地指标，不过多占用耕地。将盘活挖潜存量土地与用地指标挂钩，对盘活挖潜工作好的市、县，在新增建设用地指标上予以倾斜。

2. 充分利用信息化手段

第一，充分利用现代高新技术，在河南省基本农田管理信息系统的基础上，综合应用“3S”技术建立耕地和基本农田保护动态监管体系，对耕地总量和耕地布局进行监督。形成省、市（地）、县（市、区）、乡（镇）四级耕地保护的动态监测网络，通过卫星遥感动态监测，快速准确地掌握重点城市或区域基本农田的变化情况，对违法、违规占用耕地（基本农田）做到及时发现，及时查处纠正。

第二，国土部门、农业部门和环保部门结合，建立耕地地力长期监管系统和耕地污染风险监测系统，制定更加完善和规范的基本农田档案，实现耕地养分、灌溉排水能力、污染元素含量等信息的动态管理；建立部门间耕地管理信息共享平台及相应的协作保护机制，提高耕地保护的快速反应能力。

第三，建立“五化”协调发展条件下，耕地总产能动态评估和耕地保护预警体系，随时对河南省耕地质量和粮食总产能进行评估，保障粮食核心区总产能按规划落实。

3. 加强农业技术推广服务

加强农业技术推广体系建设，打破单纯的政府主体模式，变“政府为主体”为“政府为主导”，构建以政府推广体系为主导，以农村合作经济组织为基础，农业科研院所、农业高校等单位以及涉农龙头企业广泛参与的多元化的农业技术推广组织，并且要不断改革农业技术推广体系的管理体制和运行机制，实行公益性职能与经营性职能的分离。此外，还要建立健全农业技术推广机制，完善农业技术推广相关法律法规，把国家与基层农业拨款的比例具体化，给予地方更大的立法空间，促成地方政府根据各地实际制定适合本地的农业技术推广实施办法，更好地适应形势发展的需要，指导和规范农业技术推广与服务工作。同时，要重视并加强农业技术推广人才队伍建设。因此，加强农业技术推广体系建设，必须重视并加强农业技术推广人才队伍建设，千方百计地提高农业技术推广人才队伍素质，打造一支结构合理、技术精良的农业技术推广队伍。

4. 积极探索“互联网 +”在农业领域的应用，大力发展智慧农业

首先，运用互联网的数字化、智能化技术整合农业生产每个环节，使耕种变得更加精准、及时。互联网技术进入育种、栽培、灌溉、收割、加工等农业生产环节，促进农业生产精细化、专业化，使传统的农业生产方式发生变革，提高农业生产效率。其次，运用基于互联网的物联网、大数据促进农业生产升级。运用互联网技术及大数据理念，搭建物联网平台，开发农产品质量追溯系统、环境信息与病虫信息感知监测系统、测土配方施肥平台、信息平台展示中心等，通过物联网及时采集农业生产各个环节的数据，处理分析，实现农业智能化生产管理，帮助农业生产者、管理者进行有效决策。最后，运用互联网技术提升农业生产各环节的智能化水平。研制、推广智能节水灌溉系统，加强农业基础设施融合信息化，提高农田水利信息化水平，加快农机及农业装备与信息技术融合，发展智能作业机具及装备，有效监测环境，控制生产，追溯质量。

5. 完善耕地动态平衡制度

第一，进一步完善省、市（地）、县（市、区）、乡（镇）四级基本农田档案，做到图件、数据齐备，可核可查，以此作为监督、检查、审核、补划、变更基本农田的依据。

第二，加强对农业综合开发新增耕地的质量监测，尤其是要加强对城市化和工业化地区占用基本农田，“易地代保”新增基本农田的质量评估，制定耕地和基本农田“易地代保”的质量指标体系。真正做到

耕地总量不明显降低，耕地质量有较大提高，按规划实施耕地布局优化，落实粮食总产能的建设目标。

6. 推进生态农业建设

积极推进生态农业建设，依靠科技发展促进农业节本增收。在农业部测土配方施肥项目成果和耕地地力评价成果的基础上，加快推广县级配方施肥系统，积极改变施肥粗放的现状，提倡科学施肥、坚持无机与有机结合，种植绿肥、秸秆还田和保护性耕作相结合，促进耕地理化性状不断改善。

各地因地制宜，实施生态农业规划。充分利用农村资源，促进废弃物无害化利用，净化农村环境。农、林、牧、渔发展相结合，促进循环农业发展，因地制宜在平原沙区和黄土塬台地区发展农林间作、农果间作；按照“四区两带”的生态空间规划格局，因地制宜退耕还林、还湿、还草，综合协调林业、畜牧业，以生态环境承载力的日益改善作为耕地综合产能持续提升的自然基础；发展节水灌溉，因地制宜实施农田水利工程，豫北和豫东地区要注意地下水回补，豫南和南阳盆地发展灌溉要注重沟灌、渗灌、喷灌为主，减少畦灌和大水漫灌，促进水资源生产和生态综合效益最大化。

参考文献

[1] 陈丽，郝晋珉，艾东，等. 黄淮海平原粮食均衡增产潜力及空间分异［J］. 农业工程学报，2015，31（2）：288－297.

[2] 杜丽华. 加强农业技术推广体系建设的对策［J］. 中国农学通报，2011，27（11）：176－180.

[3] 陈红川. “互联网＋”背景下现代农业发展路径研究［J］. 广东农业科学，2015（16）：143－147.

[4] 冯献，李宁辉，郭静利. “四化同步”背景下我国农业现代化建设的发展思路与对策建议［J］. 农业现代化研究，2014，35（1）：

11 -14.

[5] 国家发展和改革委员会．促进中部地区崛起规划（全文）[EB/OL]．http：//www.china.com.cn/policy/txt/2010 - 01/12/content_19218531.htm，2010 -01 -12.

[6] 国家发展和改革委员会．国家粮食安全中长期规划纲要（2008—2020 年）[N]．人民日报，2008 -11 -14（第 10 版）.

[7] 国家发展和改革委员会．中原经济区规划（2012—2020）[N]．河南日报，2012 -12 -03（第 03 版）.

[8] 韩长斌．大力发展生态循环农业 [N]．河南日报，2014 -2 -18（第 01 版）.

[9] 河南省人民政府办公厅．河南省人民政府关于印发河南省粮食生产核心区建设规划（2008—2020 年）的通知（豫政 [2010] 50 号）[EB/OL]．http：//www.henan.gov.cn/zwgk/system/2010/06/01/010196783.shtml，2010 -06 -01.

[10] 河南省人民政府办公厅．河南省人民政府办公厅关于河南粮食生产核心区建设规划的实施意见 [J]．河南省人民政府公报，2010（23）：14 -32.

[11] 河南省统计局，国家统计局河南省调查总队．河南统计年鉴（2000—2015）[M]．北京：中国统计出版社，

[12] 侯雪梅，袁仲，张慎举．河南省粮食生产核心区建设现状、存在问题与对策 [J]．粮食与食品工业，2014，21（4）：79 -81.

[13] 晋农．国务院办公厅发布《全国新增 1000 亿斤粮食生产能力规划（2009—2020 年）》[J]．当代农机，2009（11）：46.

[14] 科技部，农业部．落实创新驱动发展战略，加快农业科技进步 [EB/OL]．http：//www.most.gov.cn/ztzl/qgkjgzhy/2015/2015jlcl/2015jlzygjjg/201501/t20150109_117516.htm，2015 -01 -10.

[15] 李永文，马建华．新编河南地理 [M]．开封：河南大学出版

社，2006.

［16］李永文，徐晓霞，刘玉振．中国省区地理卷丛河南地理［M］．北京：北京师范大学出版社，2010.

［17］卢宋，胡心洁．我省将持续增强农业农村发展活力［N］．河南日报，2014－02－18（第001版）.

［18］秦耀辰，苗长虹．中原经济区科学发展研究［M］．北京：科学出版社，2011.

［19］食品商务网．就《全国粮食生产发展规划（2006—2020年）》答记者问［EB/OL］．http：//news.21food.cn/9/102766.html，2006－12－19.

［20］孙娟，覃岩峰，李娜，等．着力加快粮食生产核心区建设，“互联网＋”农业大有可为［N］．郑州日报，2016－03－15（第004版）.

［21］王发曾．新型城镇化引领三化协调科学发展［M］．北京：人民出版社，2012.

［22］王晓燕．浅谈农业科技创新的意义［J］．农业经济，2008（12）：68－69.

［23］肖力．“互联网＋”正在深刻改变着农业［N］．经济日报，2015－07－10（第011版）.

［24］张光辉，胡心洁（《河南日报》记者）．粮食生产核心区的战略方位［N］．河南日报，2013－9－12（第001版）.

［25］张宏伟．南阳盆地丘陵地带生态农业研究［J］．地域研究与开发，2006，25（5）：122－124.

［26］中共河南省委宣传部．解读中原经济区［M］．郑州：河南人民出版社，2011.

［27］中原经济区国土规划编制工作领导小组办公室．中原经济区国土规划2011—2030（河南部分）［M］．郑州：中原经济区国土规划编制工作办公室，2013.

[28] 中共中央、国务院. 关于促进中部地区崛起的若干意见 [M]. 中共中央、国务院政府文件（中发［2006］10号），2006.

[29] 中华人民共和国农业部. 农业部关于印发《全国粮食生产发展规划（2006—2020年）》的通知 [J]. 中华人民共和国农业部公报，2016（11）：5-10.

第二章

中原经济区规划

一、规划背景

（一）国家背景

1. 优化区域经济格局的重要支撑

随着我国“T”“π”“井”字形国土开发战略的不断深入发展，东部沿海地区的环渤海、长三角、海峡西岸、珠三角等经济区已经成为第一梯度的经济发展带，中西部地区的发展虽有“西部大开发”“中部崛起”等大的宏观战略的支持，但是局部的经济空间布局还需要进一步优化。中部地区南部有武汉经济圈、环鄱阳湖经济圈以及长江经济带规划等一些重要的区域经济发展战略，而中原经济区战略在未实施之前，以河南省为主体的中原地区并没有国家战略层面的区域经济发展规划支持，没有国家级的战略试点实验区进行改革创新。总之，中原地区虽有地理区位优势但缺乏振兴发展的政策支持。

伴随着我国经济社会发展的进一步推进，作为中部地区核心位置的中原地区逐渐成为国家经济发展的一个人口密集区、城镇密集区和经济发展集中区，上升为国家经济区具有“天时、地利、人和”的优势。

谋划中原地区的经济区建设，对于发挥中原地区承东启西、连南通北的区位优势，对于发挥中原地区东引西进的市场优势，对于发挥中原地区人口集聚的人力优势，对于促进中原地区区际合作的加深等具有重要的战略意义。因此，建设中原经济区，推动其上升为国家战略，是优化国家区域经济格局的必然选择。

2. 承接东部产业转移的重要载体

随着经济全球化与区域一体化的深入发展，产业在地区间的重新布置与全球寻租推动着新型国际劳动分工的不断深化，不同区域的地域分工将决定其在国家乃至国际经济格局中的发展地位。从国际、国内产业转移的发展趋势来看，中西部地区已经成为我国产业转移的重要转移方向，尤其是以制造业、生产性服务业为代表的相关产业正在不断向我国中西部地区转移，而且当下转向中原地区的趋势已日趋明显。中原地区人口众多，劳动力资源丰富，在国家实施扩大内需战略的背景下，中原地区的各项建设面临着前所未有的发展机遇。发挥中原地区的区位与劳动力资源等优势，有利于激发中原地区的人口与市场蕴藏的巨大内需潜能，增强其发展的内生动力。加快中原地区承接国际、国内各类产业的整体转移，有利于国家统筹东、中、西部协调发展重大战略的实施，通过优化地区产业布局，拓展国民经济发展空间，促进资源要素优化配置和区域经济布局调整，加快形成东中西互动、优势互补、相互促进、共同发展的区域发展新格局。

3. 打造新的区域经济增长板块

从现实区域经济发展环境来看，仅靠核心城市或者省会城市带动区域经济发展的模式已不复存在，城市群和经济区建设已成为国家多极化发展的必然选择。在经济全球化、区域经济一体化的影响下，国家在优化东部沿海地区经济发展的同时，在中西部地区资源与环境承载力强的地区形成新的增长板块，推动国家经济的战略布局由东向西梯次推进，有利于遵循区域经济发展规律实现国家战略格局的优化。实施中原经济区战略，就是在我国中部地区形成新的增长板块，进而带动整个中部地区的崛起。建设中原经济区，是遵循区域经济发展规律和顺应区域经济发展趋势的必然选择，是国家贯彻落实科学发展观、促进经济发展方式转变、整合城镇化空间布局、实施多极化区域发展战略的客观选择，是河南省为实现中原崛起、河南振兴、富民强省的主动选择。

（二）区域背景

1. 中部崛起的重要增长板块

随着2009年《促进中部地区崛起规划》的颁布，对中原地区提出了新的发展要求，尤其是提出了粮食生产基地、能源原材料基地、现代装备制造及高技术产业基地和综合交通运输枢纽的崛起目标。从这个层次来看，中原经济区在粮食生产、能源提供、制造业承接以及交通区位等方面都发挥着重大的支撑作用，提升中原经济区在中部地区的基地建设与交通枢纽地位无疑是在为中部崛起注射更多的血液与生机。同时《促进中部地区崛起规划》中指出加快形成陇海、京广以及京九沿线重要的经济带，积极推动地区经济发展。中原地区地处陇海、京广黄金十字架区域，地理位置优越，而且中原城市群便是以此为基础形成与发展的。因此，推动中原经济区建设，对于构建中部地区“两横两纵”的经济发展轴带发挥着重要的意义，对于加快形成中部地区经济崛起的经济增长板块具有重要的支撑作用。总的来说，推动中原经济区战略的实施，有利于充分发挥区域综合优势，加快工业化、城镇化和农业现代化进程，提升对外开放水平，全面激发发展潜能，推动巨大的内需潜力向现实需求转化，在中部地区培育形成新的经济增长板块，在中部崛起中发挥引领带动作用。

2. 中原崛起的合作平台

自古以来，中原地区作为我国重要的政治、经济、文化中心，不仅拥有悠久的历史，而且以中原文化为基础创造了灿烂的黄河文明，为国家的经济社会建设做出了巨大的贡献。然而，随着我国市场经济体制的建立以及现代化经济的发展，中原地区在国家经济社会分工中的不利地位越发明显，成了我国经济发展的一个塌陷区。但是，基于中原地区各地市发展基础以及文化的一致性，许多地市在20世纪80年代便已经展开了多种形式的合作。例如，1982年，晋东南、冀南、鲁西北以及豫北等接壤地区的13个市通过合作协议成立了最早的“中原经济协作区”；1985年，邯郸市和新乡市成立了中原地区经济技术协调会；1986年，周口市、商丘市与江苏省徐州市、淮安市，安徽省阜阳市山东省菏泽市等豫皖苏鲁接壤地区的20个市组成了“黄淮经济协作区”；2009年，在全国“两会”上，河南、山西、陕西三省代表团联合呼吁：建立国家晋陕豫黄河金三角区域协调发展综合试验区。近年来，随着跨区域合作交流模式的多样化发展，中原地区各地市之间的合作变得更加频繁。因此，中原地区各地市之间原有的合作基础为中原经济区战略的形成与发展创建了坚实的基础。同时，以中原各个地市为基础的中原经济区战略的实施也为中原地区广大城市的发展提供了新的契机，为中原振兴创造了扎实的合作平台。

3. 河南振兴的载体平台

河南省是人口大省、粮食和农业生产大省、新兴工业大省，近期提出建设“四个强省”目标，是名副其实的综合经济发展区域。在农业地位巩固、粮食战略安全、生态保障等方面的约束下，解决好工业化、城镇化和农业现代化协调发展问题具有典型性和代表性。改革开放特别是实施促进中部地区崛起战略以来，河南省经济社会发展取得了巨大成就，进入了工业化、城镇化加速推进的新阶段，既面临着跨越发展的重大机遇，也面临着粮食增产难度大、经济结构不合理、城镇化进程滞后、公共服务水平低等挑战和问题。

河南省提出以河南为主体的中原经济区战略构想，就是河南省区域战略的进一步深化，就是解决省诸项发展难题的现代化发展战略抉择。

这一战略构想，是贯彻落实中央领导同志关于河南科学发展重要指示精神的深入实践，是历届省委、省政府团结带领广大干部群众积极探索的重要成果，是中原崛起战略的持续、延伸、拓展、深化，是全面实施国家《促进中部地区崛起规划》的重大举措，是凸显河南在全国发展大局中地位和作用的战略选择。中原经济区是河南振兴的载体和平台，是探索一条不以牺牲农业和粮食、生态和环境为代价的“三化”协调科学发展路子的载体和平台，是明晰定位、整合优势、凝聚合力的载体和平台，是河南扩大对外开放、加强交流合作、实现互利共赢的载体和平台。建设中原经济区，有利于明晰河南在全国大局中的定位，为河南省优势的发挥提供更大的战略平台，争取国家更多的支持，推动中原地区实现跨越式发展，在促进中部地区崛起中发挥更大的作用，为全国发展大局做出更大的贡献。

二、形成过程

（一）自发合作阶段

1978 年改革开放以来，在共同地缘文化的背景下，中原地区的经济协作更加广泛。以河南为核心的中原地区已经开展了多种形式、多层次的区域经济合作。1985 年，晋东南、冀南、鲁西北及豫北等接壤地区的 13 个市自发形成了区域性经济合作组织“中原经济协作区”；1985 年，河北省邯郸市和河南省新乡市倡议并协商兄弟地市，在平等自愿的基础上成立了中原地区经济技术协调会；1986 年，河南省周口市、商丘市与江苏省徐州市、淮安市、安徽省阜阳市、山东省菏泽市等豫皖苏鲁接壤地区的 20 个市组成了“黄淮经济协作区”；同年，河南省三门峡、山西运城市、临汾市和陕西省渭南市建立了“晋陕豫黄河三角经济协作区”。这些小区域的经济协作区为中原经济区北部、西部以及东部地区合作平台的建立奠定了基础，为河南省向省外区域扩展合作创造了条件，也为加强省际边缘区的对外经济和贸易合作提供了扎实的合作基础。

20 世纪 90 年代，河南省依托主要的地方性中心城市和交通干线，逐步拓展区域生产力布局，逐步确立了以郑州为中心的中原城市群发展战略，并使之成为河南经济发展的核心经济带。同时，河南省从区内的资源优势和经济优势出发，将城市建设和区域经济发展结合起来，推动城乡发展、产业结构调整以及经济活力提升，逐步形成了分工合理、优势互补的经济发展格局。在此形势下，河南省不断增强与周边城市的经济联系与区域合作，为河南省全方位的区际合作奠定了基石。

（二）策动与谋划阶段

进入 21 世纪，河南省以中部崛起战略为依托，在适应国家总体战略布局的基础上不断调整自身的区域经济格局。一方面，不断壮大区域中心城市的综合实力，推动中原城市群的建设步伐，实施城市群带动发展战略，完善河南省城镇体系。另一方面，积极融入中部崛起战略的规划建设当中，大力实施“东引西进”战略，加强了与东部地区的合作，拓展了西部市场潜力，同时，河南省不断增强对豫北、豫南、豫东、豫西等地区的优势产业支持，不断壮大省内特色产业集群，推动中原城市群周边城市整体实力的提升。在内聚外联不断增强的影响下，中原经济区建设在河南省的区域战略决策也逐渐明朗起来。

2010 年全国“两会”期间，河南省委明确提出要研究“什么是中原”“什么是中原崛起”“为什么要中原崛起”“怎么实现中原崛起”“河南能否走在中部地区崛起前列”等重大问题。根据河南省委意见，河南省常务副省长李克同志立即组织省发展和改革委员会研究具体工作方案，组建课题组研究上述重大发展问题。课题组涉及 19 家单位，课题组成员既有省内的资深学者，又有主要政府职能部门负责人，加上工作人员共计 50 余人。

2010 年 3 月 23 日开始，课题组分成五个小组，针对“什么是中原”“什么是中原崛起”“为什么要中原崛起”“怎么实现中原崛起”“河南能否走在中部地区崛起前列”等问题进行了深入研究，最终形成了《构建中原经济区加快中原崛起初步研究》《关于新型城镇化问题的初步研究》两个综合研究报告。

2010 年 7 月 2 日，对五个课题小组的研究成果进行汇编，形成了《关于河南省建设中原经济区初步设想的汇报》《关于建设中原城市群“三化”协调发展示范区的汇报》《关于河南省建设新型城镇化示范区初步设想的汇报》三个汇报稿，正式提交河南省委常委扩大会议研究。会议正式提出了建设中原经济区、加快中原崛起和河南振兴的战略构想。明确要求进一步深入研究，丰富完善战略构想，适时启动中原经济区建设纲要的编制工作。

2010 年 11 月，河南省委八届十一次会议审议并通过了《中原经济区建设纲要（试行)》，并上报国务院。

（三）国家战略支持阶段

2011 年初，国务院印发《全国主体功能区规划》，中原经济区被纳入全国重点开发区域，与冀中南地区、太原城市群、呼包鄂榆地区、哈长地区、东陇海地区、江淮地区、海峡西岸经济区、中原经济区、长江中游地区、北部湾地区、成渝地区、黔中地区、滇中地区、藏中南地区、关中—天水地区、兰州—西宁地区、宁夏沿黄经济区、天山北坡地区等共同列入国家重点进行工业化城镇化开发的城市化地区。在《全国主体功能区规划》中，将中原经济区的功能定位如下：全国重要的高新技术产业、先进制造业和现代服务业基地，能源原材料基地、综合交通枢纽和物流中心，区域性的科技创新中心，中部地区人口和经济密集区。这标志着中原经济区开始出现在国家战略层面的文件中，中原经济区建设得到了国家区域发展战略的认同。

2011 年 3 月，中原经济区被纳入国家国民经济与社会发展第十二个五年规划，在实施区域发展总体战略中的“大力促进中部崛起”章节，明确提出要重点推进太原城市群、皖江城市带、鄱阳湖生态经济区、中原经济区、武汉城市圈、环长株潭城市群等区域的发展。这标志着中原经济区战略已成为我国中部发展的重要增长板块，中原经济区建设成为实现中部崛起的重点支撑区域。

2011 年 9 月 28 日，国务院《关于支持河南省加快中原经济区建设的指导意见》正式颁发，10 月 7 日中央电视台新闻联播第一条播出消息，10 月 8 日在各大媒体公布。在该意见中，明确提出了中原经济区建设在国家经济社会发展中的战略意义，提出了中原经济区战略定位、发展目标和空间布局，从农业现代化、新型工业化、城镇化、基础设施建设、生态文明建设、民生建设、文化建设、体制机制建设等方面提出了具体要求。这标志着中原经济区战略正式上升为国家战略，也预示着中原经济区建设在祖国大地的诞生。

中原经济区战略上升为国家战略的过程，是一次理论与实践相结合、决策与研究相结合、学术与实务相结合的成功典范。其特点是：策动与研究高度集中，宣传与推进高度开放。正是由于中原经济区诞生的上述特点，中原经济区战略方得以拥有深厚的科学基础、广阔的实践空间，以及由此而生的无边的民心拥戴。顺理成章地，《中原经济区研究》课题组荣获“第二届（2011）河南省经济年度特别贡献奖”。

（四）国家规划支持阶段

2012 年 11 月 17 日，国务院以国函［2012］194 号正式批复《中原经济区规划（2012—2020）》，划定了中原经济区的规划范围，明确了该规划是中原经济区建设的行动纲领和编制相关专项规划的重要依据。该规划从中原经济区的发展基础出发，提出了中原经济区建设总体要求，明确了中原经济区的战略定位：国家重要的粮食生产和现代农业基地、全国“三化”协调发展示范区、全国重要的经济增长板块、全国区域协调发展的战略支点和重要的现代综合交通枢纽、华夏历史文明传承创新区。在具体规划内容中，从空间布局、推进新型农业现代化、加快新型工业化进程、加快推进新型城镇化、建设现代化基础设施、加强生态环境保护和资源节约利用、建设和谐中原、促进区域联动发展和开放合作、创新“三化”协调发展体制机制等九个方面提出了具体规划措施。

（五）地方规划建设阶段

2013 年作为实施《中原经济区规划（2012—2020）》的开局之年，河南省政府常务会议审议并通过了中原经济区国土规划编制工作领导小组办公室编制的《中原经济区国土规划（河南部分）（2011—2030）》。该规划围绕中原经济区建设的核心发展任务，以构建“富强、宜居、和谐、开放国土”为最终发展目标，对中原经济区主体区的国土空间开发利用、生态环境保护、矿产资源开发、国土综合整治、支撑保障提提等方面进行了总体部署和统筹安排，为中原经济区主体区国土空间布局和资源开发的纲领性文件，对其他相关规划具有引领、协调和指导作用。

2014 年作为落实《中原经济区规划（2012—2020）》的第二个重要年份，1 月河南省人民政府印发了《河南省主体功能区规划》。该规划立足于河南省三大区域发展战略的发展目标，在河南省国土规划的基础上，分析了河南省国土空间开发面临的形势和未来的任务，明确了河南省重点开发区、农产品主产区、重点生态功能区、禁止开发区的功能定位、主要目标、发展方向和开发管制原则，提出了加快形成河南省主体功能区的具体要求。该规划对于中原经济区建设中的国土开发空间优化、“三化”协调、“四化”同步、“五化”协调科学发展道路的实现、经济结构的调整与升级具有重要的调控作用。

在《国家新型城镇化规划（2014—2020）》和《中共河南省委关于

科学推进新型城镇化的指导意见》的基础上，2014 年 7 月河南省人民政府印发了《河南省新型城镇化规划（2014—2020）》。该规划在分析河南省城镇化的现状问题、发展态势的基础上，从强化城镇产业的就业支撑、有序推进农业转移人口市民化、建立健全农业人口转移促进机制、优化城镇布局与形态、提高城市建设与管理水平、推动城乡发展一体化、改革完善城镇化发展体制机制等方面提出了规划建设目标与主要任务。该规划为推进中原经济区全国“三化”协调区建设、人口市民化进程、区域城市体系建设、城乡统筹发展等方面提供了重要保障。

2014 年中共河南省委、河南省人民政府出台了《关于全面深化农村改革　加快推进农业现代化的实施意见》，从提高粮食综合生产能力、构建新型农业经营体系、推进扶贫开发工作、发展都市农业等新型业态、提升新农村建设水平、落实强农惠农富农政策、深化农村制度改革、加强农村基层组织建设等九个方面提出了具体要求。该意见的出台，为中原经济区主体区推进农业现代化建设提供了重要支撑和践行依据。同年，河南省人民政府办公厅出台了《关于推动全省都市生态农业发展的指导意见》，为中原经济区主体区都市生态农业的发展提供了实践指导。

2015 年河南省政府为深入贯彻落实《国务院关于支持河南省加快建设中原经济区的指导意见》（国发〔2011〕32 号）和《中原经济区规划（2012—2020）》，加快农村金融体制机制改革，充分发挥农村金融在农业、农村经济发展中的核心作用，加快建设中原经济区农村金融改革试验区（以下简称试验区），特制定《河南省推进中原经济区农村金融改革试验区建设总体方案。加快创新形成符合现代农业需求的金融产品和融资模式，探索建立现代农业金融风险分担机制，构建推动农村金融发展的政策支持体系，努力将中原经济区建成农村信贷投入稳定增长、现代农业与现代金融协调发展的核心示范区，为中原经济区农村金融发展提供支撑体系。

近期，中共河南省委、河南省人民政府以及各职能部门还出台了很多指导性建设文件和实施方案，在这里就不一一细述。总之，在河南省中原经济区国家战略规划的引领下，河南省的区域经济建设进入了一个崭新阶段。

三、规划目标

（一）总体目标

《中原经济区规划（2012—2020）》（以下简称《规划》）指出：“到 2015 年，初步形成发展活力彰显、崛起态势强劲的经济区域。粮食综合生产能力稳步提高，经济结构调整取得重大进展，经济社会发展水平进一步提升，在提高效益和降低消耗的基础上，主要经济指标年均增速高于全国平均水平，人均地区生产总值与全国平均水平的差距进一步缩小；城镇化质量和水平稳步提升，“三化”发展协调性明显增强；生态环境明显改善，主要污染物排放量大幅减少，可持续发展能力显著增强；人民生活水平明显提高，农村居民人均纯收入力争达到全国平均水平，城镇居民人均可支配收入与全国平均水平差距进一步缩小，基本公共服务水平和均等化程度全面提高。”

中原地区是我国的粮食主产区，粮食稳产增产关系到全区乃至全国的粮食安全，是全区乃至全国进行各项现代化建设的基础。经济结构的调整和经济社会发展水平的稳步提升也反映出当下中原经济区经济结构欠优，经济实力较弱与社会发展水平层次较低的现状，通过提出近期的规划总体目标，可以为中原经济战略的稳步实施提供目标指导。中原经济区加快发展还面临着诸多共性矛盾和挑战，集中表现在：农村人口多、农业比重大、保粮任务重，经济结构不合理、农村富余劳动力亟待转移、基本公共服务水平低。从《规划》提出的具体指标来看，主要从人均地区生产总值、城镇化水平、生态环境建设水平、人民生活水平、城乡居民收入、公共服务等指标。这些指标都是针对全区存在的重要经济社会发展问题而提出的，也只有通过提高这些指标因子才能更好地反映中原经济区战略的成效。

《规划》指出："到2020年，建设成为城乡经济繁荣、人民生活富裕、生态环境优良、社会和谐文明，在全国具有重要影响的经济区。粮食生产优势地位更加稳固，工业化、城镇化达到或接近全国平均水平，综合经济实力明显增强，基本实现城乡基本公共服务均等化，生态文明建设取得显著成效，实现更高水平的'三化'协调发展。"

2020年我国将全面建成小康社会，《规划》指出的城乡经济繁荣、人民生活富裕、社会和谐文明等目标反映出未来中原经济区建设在全面小康社会所要达到的经济社会成效。《规划》中提出的粮食产量、工业化以及城镇化等方面的目标是在中原经济区战略提出的"两不三新"所要达到的重要目标。"两不三新"提出的持续探索不以牺牲农业和粮食、生态和环境为代价的新型城镇化、工业化和农业现代化协调发展路子，是进一步提升中原经济区发展水平的重要举措，表明了中原经济区战略是为了实现更高水平的"三化"协调发展，抓住了我国转变经济发展方式、全面建成小康社会的关键问题。总而言之，《规划》提出的这些发展目标使中原经济区建设的任务更加明确，发展布局更加清晰，政策支持更加有力，标志着中原经济区建设进入了整体推进、全面实施的新阶段。

（二）具体发展目标

1. 经济发展与民生改善要迈上一个大台阶

与国家首次明确提出的收入倍增计划相呼应，《规划》中提出了"中原经济区版"的收入倍增计划目标，即"到2020年人均地区生产总值达到6万元"，从而实现人均生产总值比2011年增长1倍以上；"到2020年城镇居民人均可支配收入达到38000元，农村居民人均纯收入达到16000元”，两个收入均比2011年实现倍增，并有所超出。

2013年中原经济区人均生产总值27609元，城镇居民可支配收入22368元，农民人均纯收入8426元。从《规划》目标来看，2020年中原经济区人均地区生产总值要增加一倍多，地区生产总值占全国比重从9%上升到10.5%。城镇居民可支配收入也要增加2/3，农民人均纯收入增加1倍。要实现这个目标，到2020年城镇居民收入需要保持年均9%以上的增长，农民人均纯收入需要保持年均10%左右的增长，两个增速均超过了国家实现倍增计划所需要的年均7%。

2. 资源环境方面要有新改善

《规划》明确了中原经济区的耕地保有量为1423万公顷，并到2020年保持不变，确保耕地不减少，粮食综合生产能力稳步提升，到2020年达到1.08亿吨。同时，要实现单位GDP能耗大幅下降，森林覆盖率不断提高。2013年中原经济区的粮食产量为1.03亿吨，按照目前增速到2020年将如期完成粮食产量1.08亿吨的目标，或有所盈余。

3. 结构调整方面要有大突破

《规划》提出城镇化率到2020年要达到56%，实现城镇人口大于农村人口，进入城镇化发展的新阶段；服务业增加值显著提高，战略性新兴产业增加值占GDP比重达到15%，居民消费稳步增长。中原经济区规划实施以来，城镇化进程在快速推进。2013年中原经济区的城镇化率达到44%，并且每年以1.3个百分点的速度在不断提升。随着河南省“十三五”规划的实施，各地市都确定了城镇化发展的任务，力争到2020年城镇化率达到预期标准。

四、空间规划

（一）打造核心发展区域

提升郑州区域中心服务功能，支持郑（州）汴（开封）新区加快发展，深入推进郑（州）汴（开封）一体化，提升郑（州）洛（阳）工业走廊产业和人口集聚水平；推动多层次高效便捷快速通道建设，促进郑州、开封、洛阳、平顶山、新乡、焦作、许昌、漯河、济源9市经济社会融合发展，形成高效率、高品质的组合型城市地区和中原经济区发展的核心区域，引领辐射带动整个区域发展。

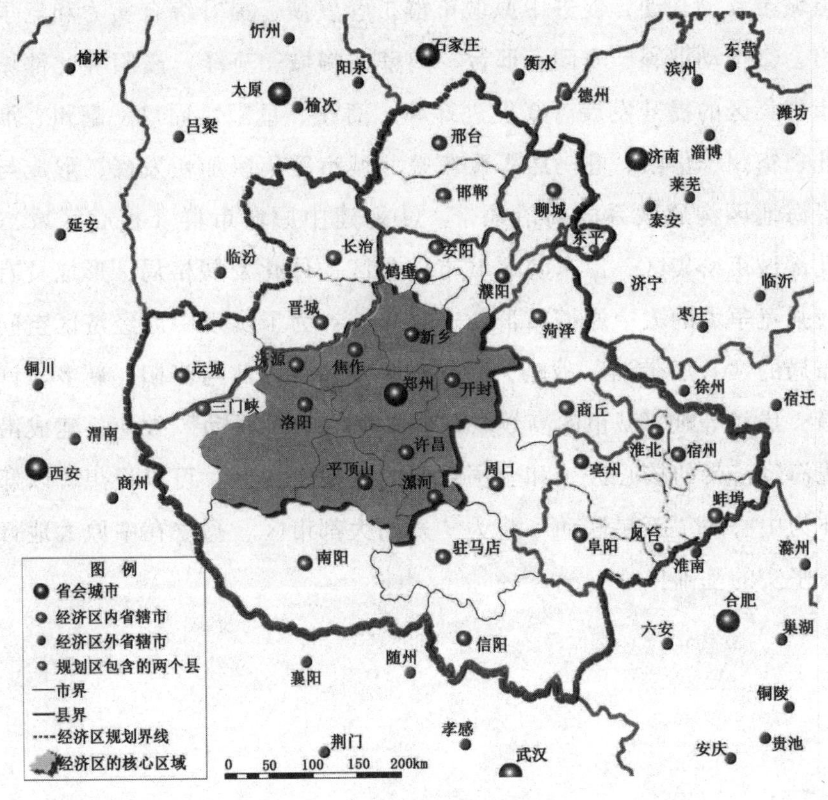

图2－1　中原经济区——“一核”

《规划》对中原经济区的第三个定位是：全国重要的经济增长板块——推进区域互动联动发展，发展壮大城市群，建设先进制造业、现代服务业基地，打造内陆开放高地、人力资源高地，成为与长江中游地区南北呼应、带动中部地区崛起的核心地带，引领中西部地区经济发展的强大引擎，支撑全国发展新的增长极。中原经济区在全国区域经济竞争与协作大格局中的地位十分微妙，加强中原经济区核心区域的板块化、集群式建设非常必要。

《规划》专论“加快城市群建设”包括以下内容：①实施中心城市带动战略，实现以郑州为中心的核心区域九个城市融合发展，进一步增强中原城市群的辐射带动作用。强化“米”字形发展轴节点城市互动联动，促进中原城市群扩容发展，提升综合实力和竞争力。②推动邯郸、安阳、邢台、鹤壁、聊城、菏泽、濮阳等北部城市密集区的提升发展。③促进蚌埠、商丘、阜阳、周口、亳州、淮北、宿州、信阳、驻马店等豫东皖北城市密集区加快发展，形成与沿海地区沟通联系的前沿地带。④构建中原城市群（核心区域）、北部城市密集区、豫东皖北城市密集区一体化发展格局，形成具有较强竞争力的大中原城市群。这意味着：为了实现中原经济区空间布局的“核心带动”战略，必须进一步加强郑汴与洛阳、新乡、许昌、焦作等毗邻城市的高效联系，发挥“五星联动”效应，建成沿陇海经济带的核心区域和全国重要的城镇密集区。可以设想，以郑汴为中心的“五星联动”将为“郑州大都市区”矗立在中原大地打下坚实的基础！

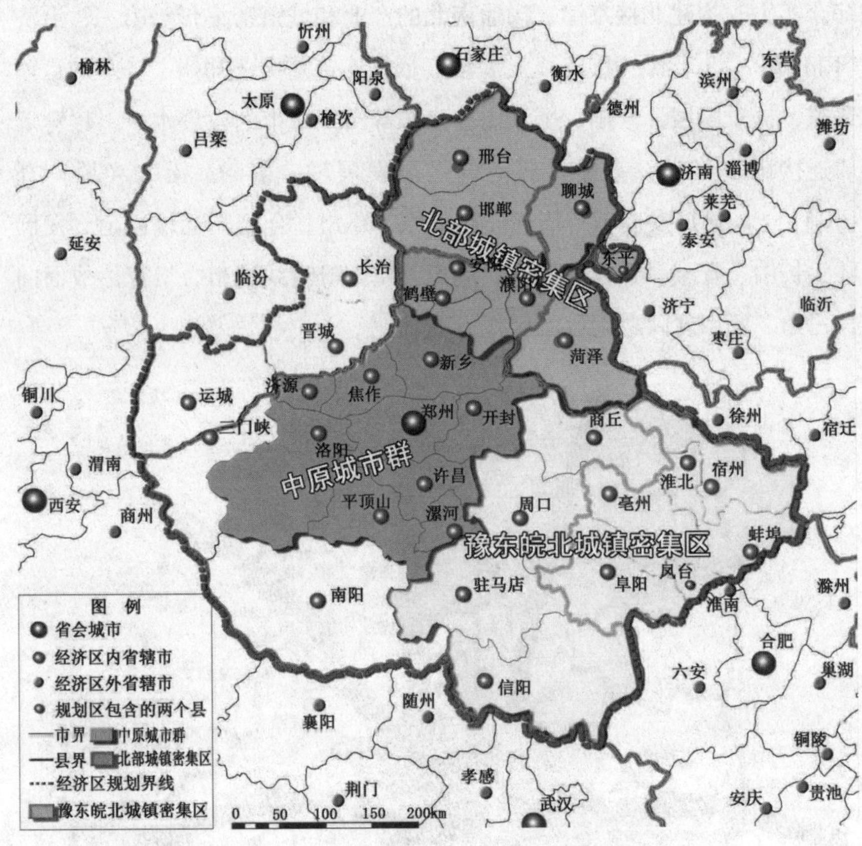

图 2－2　中原经济区——大中原城市群

（二）构建“米”字形发展轴

提升陆桥通道和京广通道功能，加快东北西南向和东南西北向运输通道建设，构筑以郑州为中心的“米”字形重点开发地带，形成支撑中原经济区与周边经济区相连接的基本骨架。第一，沿陇海发展轴。依托陆桥通道，增强三门峡、运城、洛阳、开封、商丘、淮北、宿州、菏泽等沿线城市的支撑作用，形成贯通东、中、西部地区的先进制造业和城镇密集带。第二，沿京广发展轴。依托京广通道，提升邢台、邯郸、安阳、鹤壁、新乡、许昌、平顶山、漯河、驻马店、信阳等沿线城市的综合实力，构建北接京津、沟通南北的产业和城镇密集带。第三，沿济（南）郑（州）渝（重庆）发展轴。依托连接重庆、郑州、济南的运输通道，提升聊城、濮阳、平顶山、南阳等沿线城市的发展水平，培育形成连接山东半岛、直通大西南的区域发展轴。第四，沿太（原）郑（州）合（肥）发展轴。依托连接太原、郑州、合肥的运输通道，发展壮大长治、晋城、焦作、济源、周口、阜阳等沿线城市，培育形成面向长三角、联系晋陕蒙地区的区域发展轴。

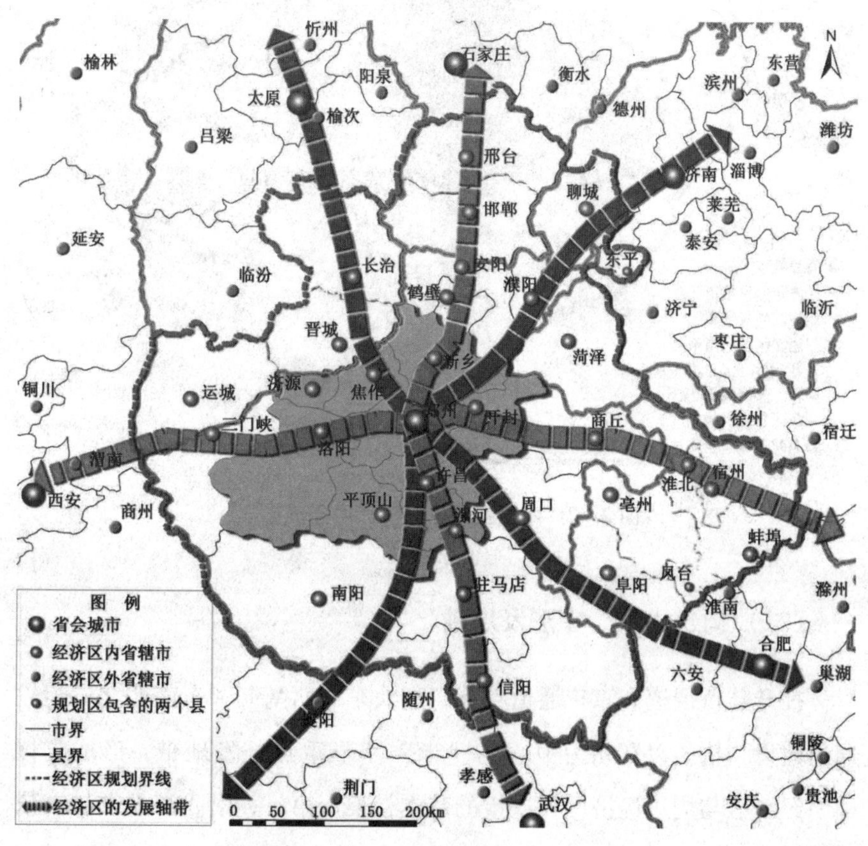

图2-3　中原经济区——“米”字形发展轴

《规划》明确了“郑州至徐州、商丘至合肥至杭州、郑州至万州、郑州至济南、郑州至太原、郑州至合肥”快速通道（高速铁路）的规划建设和轴带支撑。以此为依托，构筑沿陇海发展轴、沿京广发展轴、沿济（南）—郑（州）—渝（重庆）发展轴、沿太（原）—郑（州）—合（肥）发展轴的“四面八方”的开放式支撑带，形成以郑州为中心的“米”字形发展轴，显著强化中原经济区在全国区域发展中的核心纽带、辐射带动、对接周边的作用。

（三）壮大南北两翼经济带

加强运输通道建设，提升晋冀鲁豫交界地区和淮河上中游地区城市发展水平，培育壮大沿邯（郸）长（治）—邯（郸）济（南）经济带和沿淮经济带，形成与“米”字形发展轴相衔接、促进中原经济区东西向开放合作的重要支撑。第一，沿邯长—邯济经济带。依托邯长—邯济铁路、晋豫鲁大能力运输通道和青（岛）兰（州）高速，推动长治、邯郸、安阳、邢台、聊城等沿线工业城市的振兴发展，形成支撑中原经济区北部省际交汇区域发展的经济带。第二，沿淮经济带。依托淮河水运通道及沿淮路网通道，统筹淮河沿线资源开发，提升信阳、周口、驻马店、漯河、阜阳、亳州、淮北、宿州、蚌埠、淮南的产业集聚与城市发展水平，形成支撑中原经济区东南部区域发展的经济带。

《规划》明确提出的“邯长—邯济经济带与沿淮经济带”不仅在全区南北两侧遥相呼应，而且将中原经济区“米”字形经济发展轴串联成网，推动全区经济的网络化发展。依托区域性中心城市，推动南北两翼经济带沿线城市的经济发展，实现与东部区域中心城市的对接，同时也为中原经济区更好地承接东部产业转移提供轴带支撑。

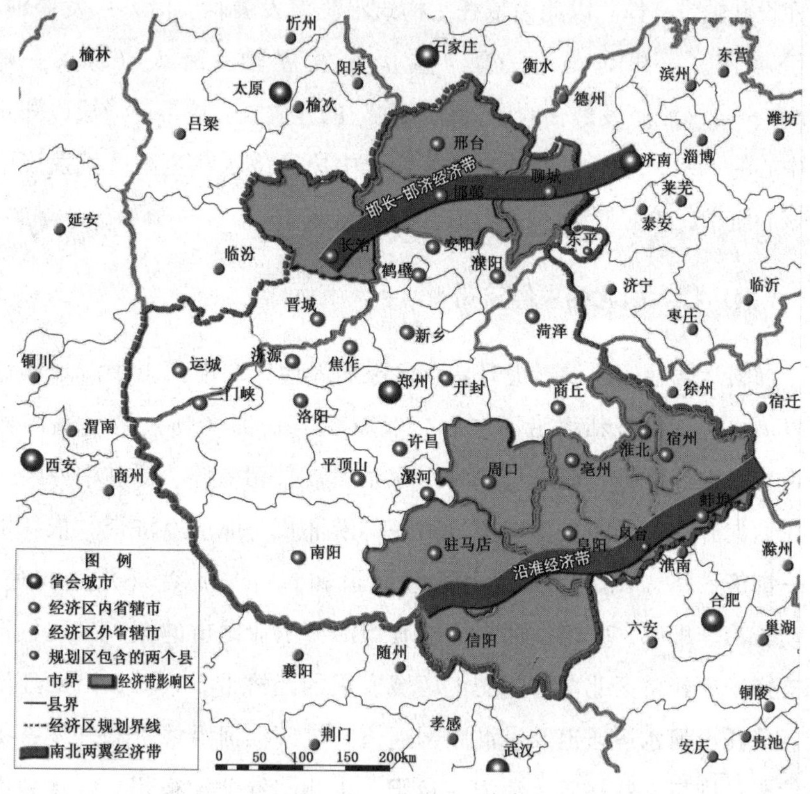

图 2-4 中原经济区——“两翼”

五、核心主题

根据《规划》的章节构成，除去总论和保障措施，可以将核心内容划分为五大部分。第一大部分，空间布局。第二大部分，三化——新型农业现代化、新型工业化、新型城镇化。第三大部分，粮食生产核心区建设；第四大部分，支撑——现代化基础设施建设；第五大部分，区域联动与开放合作。同时《规划》还设立了 15 个专栏。专栏 1 列出了中原经济区在规划期末要达到的有关经济发展、结构调整、资源环境、民生改善的主要规划指标。专栏 2 ~15 的内容大致可分为重点建设工程与重点建设区域两大类。重点建设工程类包括 8 个专栏：提高粮食综合生产能力重大工程（专栏2），现代农业支撑体系建设重点工程（专栏4），重大文化产业工程（专栏8），铁路网建设重点工程（专栏9），公路网建设重点工程（专栏10），内河航运建设重点工程（专栏11），水资源保障工程（专栏13），基本公共服务体系建设工程（专栏15）。根据《规划》的核心主题组成，本书从三化协调科学发展、粮食生产核心区建设、现代化基础设施建设、促进区域联动发展和开放合作五个方面进行解读。

（一）三化协调科学发展

工业化、城镇化和农业现代化是中原经济区建设的重要组成部分，三者相辅相成。推进“三化”协调发展是破解中原经济区当前发展中若干重大问题的关键环节，也是一项复杂的系统工程，必须打破传统模式，在遵循一般规律的基础上结合河南实际，立足当前，着眼未来。《规划》同样提出通过将新型城镇化、新型工业化和农业现代化相结合来推动中原经济区战略的稳步实施。新型城镇化是“三化”之首，在新型城镇化的引领下，主要从中原城市群建设、县域经济、城乡协调发展以及社会主义新农村建设展开。新型工业化主要从产业集聚区、先进制造业、现代服务业等方面展开。农业现代化方面主要从农业经济结构与现代农业体系两方面展开。

1. 新型城镇化的引领作用

（1）提升中原城市群的辐射带动能力

《规划》指出“以郑州为中心，提升中原城市群的辐射带动作用，促进中原城市群扩容发展，并且形成具有较强竞争力的大中原城市群”。因此，推动中原城市群必须依托郑州这个核心城市和国家中心城市，完善功能，以大带小，加强分工合作，推进中原城市群一体化发展，提升整体竞争力和辐射带动能力，建成沿陇海经济带的核心区域和全国重要的城镇密集区。因此，主要提升核心城市与区内各个中心城市的实力，是提升中原城市群辐射带动能力的重要途径。

提升郑州全国中心城市地位。强化郑州的龙头带动作用，完善基础设施，改善人居环境，提高城市品质，增强高端要素集聚、科技创新、文化引领能力，凸显对全省和区域发展的综合服务功能。优化城市布局，推动城市组团发展，壮大城镇集群。建立健全城市创新体系，建设高端产业集聚的国家创新型城市。深入推进郑汴一体化，加快郑汴新区建设，大力发展汽车、装备等先进制造业和高技术产业，突出发展金融、物流、会展、创意等现代服务业，建成现代产业集聚区、现代复合型新区、城乡统筹改革发展核心试验区、对外开放示范区、环境优美宜居区和区域服务中心，建设现代复合型城市。依托高速铁路、高速公路干线和城际轨道交通、城际快速客运通道、城际快速货运通道，在郑州至开封、洛阳、新乡、许昌之间，形成“两干三城”便捷快速交通网，实现郑州与周边城市的联动发展。

增强省域中心城市功能。建设中心城市复合型新区，优化城市空间布局，完善城市功能，提高综合承载能力，加速产业和人口向中心城区集聚，加快城市产业特色化发展，建设一批国家级特色产业基地，壮大城市规模和经济实力，增强在区域经济发展中的承接、传导作用，成为区域经济文化服务中心。推进中心城市与周边县（市）和中心镇交通一体、产业链接，形成组团式、集群化发展的城镇集群。

（2）大力发展县域经济

《规划》提出“按照现代城市规划建设标准，推动县城老城区集中连片改造和新城区建设，完善城市基础设施和公共服务设施，加强产业集聚区、特色商业区、商务中心区建设，成为吸纳农村人口转移的主要载体。推动纳入中心城市组团的县城加快发展，形成与中心城区优势互补的功能区，具备条件的逐步发展成为中等城市；完善规模比较大的县城城镇功能，增强吸纳人口的能力，培育形成一批新兴城市”。因此，必须发挥县（市）推动城乡互动的纽带作用，创新管理体制，承接产业转移，培育特色产业，加快县域工业化和城镇化步伐，推动农村劳动力向第二、三产业有序转移，壮大县城规模和实力，带动县域经济快速发展。

第一，提升县城发展水平。把县城发展作为推进城镇化的重点，提升规划建设标准，加强基础设施建设，提高公共服务水平，增强综合承载能力，不断增强承接中心城市辐射和带动乡村发展的能力。依托产业集聚区，发展壮大特色产业集群，强化产业支撑，提高吸纳就业能力，促进农村人口就近转移。

第二，加快重点中心镇发展。按照“合理布局、适度发展”的原则，分类推进小城镇发展。支持已经形成一定产业和人口规模、基础条件好的中心镇，通过加快专业园区建设，进一步提升发展质量，逐步发展成为10万人以上的小城市。具有资源和产业基础条件的特色镇，通过发展特色明显的矿产资源、农产品加工和文化旅游服务业，逐步做大城镇规模。其他小城镇，重点强化区域服务功能，为周边农村提供生产生活服务。

第三，激发县域经济的内在活力。坚持分类指导，统筹推进，促进经济发达的县（市）加快产业和人口向县城集聚，提升发展水平，实现率先发展；推动中等发展水平的县（市）强化产业支撑，完善城市功能，实现赶超发展；扶持经济发展水平较低的县（市）逐步增强造血功能，提高自我发展能力，实现跨越发展。加大对革命老区、贫困地区的扶持力度，在交通、教育、民生、生态、产业发展等方面给予倾斜支持。全面推进县域经济管理体制改革，推行扩权强县和省财政直管县体制改革，继续加大对县（市）财政的转移支付力度，推进经济实力强、发展态势好的镇管理体制改革。优化发展环境，积极承接产业转移，提高县域对外开放水平。

（3）发展特色小城镇，促进城乡协调发展

第一，发展特色小城镇，壮大城镇实力。《规划》提出“把小城镇作为带动农村地区发展的支点和载体，重点选择区位条件优越、基础好、潜力大的小城镇，发展特色产业，传承传统文化，加强生态环境保护，完善市政基础设施和公共服务设施，打造一批具有特色优势的休闲旅游、商贸物流、电子信息产业、先进制造、民俗文化传承、科技教育等魅力小镇”。

第二，统筹城乡发展，缩小城乡差异。《规划》指出“统筹规划城镇建设、农田保护、产业集聚、村落分布、生态涵养等空间布局，推动形成城乡衔接的公共交通、供水供电和生态建设、环境保护一体化发展格局。加强城乡社会管理，推进农村人口向城镇转移、向新型农村社区集中。加强环境综合整治，改善农村人居环境，建设美好乡村。增强城镇对农村的产业辐射，形成合理分工的产业布局，引导农村工业适度集中，加快发展农村服务业。引导城市资金、技术、人才、管理等生产要素向农村流动，促进三次产业联动发展。统筹配置公共资源，促进基本公共服务均等化。提升城乡就业和社会保障服务能力，提高社会保障统筹层次和保障水平。深入推进新乡统筹城乡发展试验区建设和信阳、宿州、蚌埠龙亢农场农村改革发展综合试验”。

(4) 推进社会主义新农村建设

第一，加强农村基础设施建设，改善农村生产生活条件，提高公共服务水平，建设具有区域特色的富裕、民主、文明、和谐的社会主义新农村。坚持把新型农村社区建设作为推进城乡现代化的切入点、统筹城乡发展的结合点、促进农村发展的增长点，按照“规划先行、就业为本、量力而行、群众自愿”的原则，稳步推进新型农村社区建设。对地质灾害威胁区、矿山塌陷区、深山区等不宜居住的村庄以及弱小村、偏远村，实施整村搬迁，统一组织建设集中居住区。

第二，提高农村公路建设等级和标准，完善农村路网体系，构建方便快捷的公交客运网络。加快农村电网改造，实现城乡同网、同质同价。实施农村信息化工程，扩大电信网、广播电视网、互联网三网融合范围。继续实施广播电视村村通工程。继续实施农村安全饮水工程，逐步实现村村通自来水。加强农田水利、农村沼气、污水垃圾处理设施建设，加大农村危房改造力度，开展农村环境综合整治，改善农村生产生活条件和村容村貌。加强农村灾害监测预警防御设施建设，提高防灾减灾能力。按照城乡公共服务均等化的要求，加强农村公共服务体系建设。加快农村义务教育发展，优化农村学校布局，提高农村义务教育质量与均衡发展水平，重视发展农村学前教育。加强农村公共卫生设施建设，构建完善的公共卫生服务体系、医疗服务体系。推进农村文化室等农村公共文化设施建设，完善公共文化服务体系。

2. 新型工业化建设

（1）建设产业集聚平台

发展产业集聚区经济，提升经济活力。《规划》提出“依托中心城市和县城，整合提升各类开发区、产业园区，提高土地节约集约利用水平，规划建设二、三产业集聚发展平台，以城镇功能完善吸引产业集聚，以产业集聚促进人口集中，形成以产兴城、依城促产、产城互动发展格局。按照企业集中布局、产业集群发展、资源集约利用、功能集合构建、人口有序转移的要求，提升产业集聚区建设水平，突出主导产业，完善服务配套，严格准入门槛，有序承接产业转移，形成一批规模优势突出的产业集群和新型工业化示范基地。优化城市功能分区，规划建设一批商务中心区和特色商业区，推动金融、会展、商务、创意和特色商贸、文化休闲等服务业集中布局，打造区域服务中心。依托城市新区，推动中心城市现代服务和高端制造业集聚发展，形成现代产业集中区，探索产业融合发展新模式”。

（2）大力发展先进制造业

坚持走新型工业化道路，按照高端、高质、高效发展的要求，适应市场需求变化，发展先进装备制造业，改造提升原材料工业，集群化发展中高端消费品工业，着力提升装备制造、有色钢铁、化工、食品、纺织服装等五大战略支撑产业竞争力，建设全国重要的先进制造业基地。

第一，推动现代装备制造业发展。《规划》提出“积极研发先进适用、高附加值的主机产品和核心基础零部件，建成全国重要的现代装备制造业基地。推动工程机械、煤矿机械、纺织机械高端化，培育防爆电气、特种电缆、节能电梯、精密铸造、高效节能变压器等特色装备产业集群。加快洛阳动力谷重型装备、现代农机、精密基础件等优势产品发展，提升中原电气谷超特高压输变电装备自主化设计和成套化水平，推动冀南冶金石化装备集群化发展”。

第二，发展汽车产业，壮大汽车产业集群。《规划》提出“加快建设郑州汽车制造基地，重点发展轿车、商用车、中高端客车等优势产品，建成中西部汽车制造和服务贸易中心。提高冷藏运输、工程施工、市政维护等专用车制造水平，积极开发新产品，推动关键零部件规模化总成化发展，建设一批优势专用车生产基地和汽车零部件产业集群”。

第三，加快发展电子信息产业，建设地方性信息产业基地。《规划》提出“发挥龙头企业带动作用，加强与全球领先智能终端设计、研发及代工企业的合作，建设郑州全国重要的智能手机生产基地。重点发展电子元器件、电脑、显示终端、视听终端等产品，建设漯河、鹤壁、信阳、南阳、蚌埠、晋城等电子信息产业基地”。

第四，依托粮食基地优势，大力发展具有优势基础的食品工业。《规划》中指出“提高面制品、肉制品规模和水平，加快果蔬、油脂、饮料、乳制品等优势产业发展，培育休闲食品、调味品等成长性产业，提高冷链、绿色、功能食品比重，推动优质原料基地和加工制造一体化发展，培育发展一批全产业链企业和特色食品产业集群，做大做强主食加工业，建设具有国际竞争力的食品工业基地”。

第五，积极发展高端石化和精细化工产品。《规划》提到“突破现代煤化工关键技术，推动传统煤化工升级转型，实施煤制烯烃及乙二醇、百万吨尿素和千万吨炼化等重大工程，推进鹤壁煤化一体化示范，建设淮南煤制天然气、长治高硫煤洁净利用以及洛阳石化改扩建等项目，在深入研究比选的基础上推进商丘炼化基地前期工作，推动氯碱、化肥规模化园区化发展”。

第六，提高有色加工产业的技术含量，促进钢铁产业结构升级。《规划》提到“突破高水平铝合金和高端铝加工技术瓶颈，依托骨干企业实施煤电铝及加工一体化工程，建设以终端产品为主导、上下游衔接的铝工业基地。延伸铅锌镁钼钨等产业链条，高起点发展镁合金板带材、精密铜管、钼板带等深加工产品，建设一批特色产业基地。提升豫北冀南钢铁产业整体竞争优势，强化产品研发和节能减排，加快邯郸、安阳、邢台、舞钢等地钢铁产品结构升级，扩大高强度建筑和机械用钢、专用宽厚板、汽车用钢、家电用钢等优钢系列品种，加快高技术含量和高附加值钢材产品开发和生产，提高市场占有率。”

第七，发展清洁生产，推动集约高效产业发展。《规划》明确“重点发展利废、节能、环保和绿色新型建筑材料，提高技术装备、产品质量和集约化发展水平。做大做强家居建材优势企业，推动产业集群发展，建设我国重要的建筑陶瓷产业基地。加快行业重组整合，扩大水泥制品规模，提升节能玻璃、优质耐火材料等产品竞争优势。结合减量或等量淘汰落后产能，改造提升棉纺织和化纤产业，扩大高品质纱线和粘胶、功能化纤维产品比重，壮大高档面料、服装和家用纺织品规模，完善上下游产业链，发展医疗卫生等领域产业用纺织品，培育一批优势纺织服装产业集群，建设全国重要的纺织工业基地”。

第八，积极发展轻工业。《规划》提到“优先发展家用电器、家具厨卫、皮革皮具及包装印刷等产业，积极承接玩具、文体用品、五金工具、灯具、制鞋等产业转移，引进行业龙头企业和优势品牌，强化产业配套和专业化市场建设，形成一批特色轻工产业集群，建设全国新兴的日用消费品生产基地”。

（3）积极培育战略性新兴产业

发展新兴技术产业，形成一批集聚竞争力的新兴产业基地。规划指出“科学布局、有序推进智能终端、新型显示、半导体照明生产基地建设，积极发展物联网、云计算、高端软件、新兴信息服务等新一代信息网络技术，加大推广应用力度，打造中部地区重要的新一代信息技术产业基地。推进生物医药、生物制造、生物农业等优势产业发展，打造全国重要的生物产业基地。发展壮大生物质能源、新能源装备等产业，提升新能源产业竞争力。提高动力电池及关键零部件配套水平，建设国内重要的新能源汽车产业基地。发展超硬材料、高强轻型合金、特种纤维等新材料，打造全国重要的新材料产业基地。大力发展高效节能、先进环保和资源循环利用的新装备和产品，打造国内具有较大影响的节能环保产业基地。积极发展轨道交通装备、智能电网装备、智能制造装备、航空装备、卫星应用等产业，建设中西部地区重要的高端装备制造业基地”。

（4）加快发展服务业

第一，以物流园区为依托，大力发展现代物流业。《规划》提到“提升郑州全国现代物流中心地位，加快建设郑州国际物流园区、航空物流园区，大力发展航空物流、保税物流和多式联运，建设郑州内陆无水港，建成覆盖中西部、辐射全国、连通世界的现代物流中心。依托区域交通枢纽城市，推动物流园区、物流通道、枢纽场站等物流基础设施建设，打造一批区域性物流中心。大力发展食品冷链、邮政快递、汽车、电子产品等行业物流，建立中原经济区物流产业联盟、电子商务平台和公共信息系统，推动龙头企业构建全国性物流网络”。

第二，整合现有各类优势旅游资源，着力提升旅游业发展水平。《规划》指出“挖掘整合旅游资源，实施旅游精品发展战略，加快建设中原历史文化旅游区、古都文化旅游区、豫东皖北鲁西历史文化旅游区、伏牛山休闲度假旅游区、太行山和桐柏—大别山生态红色旅游区，加快开发黄河文化旅游带和南水北调中线生态文化旅游带，加快培育世界文化遗产、中国功夫、拜祖寻根等一批精品旅游线路，打造世界知名、全国一流的旅游目的地。实施乡村旅游富民工程。完善旅游基础设施和公共服务，建设‘智慧旅游’服务网络”。

第三，建设文化创意园区，推进文化创意产业整体发展。《规划》提到“改造提升广播影视、出版发行、工艺美术、演艺娱乐等传统优势产业，发展文化创意、动漫游戏、数字出版、移动多媒体等新兴文化产业。推进文化改革发展，加强开封宋都古城、郑州嵩山、洛阳龙门、邯郸赵王城、定陶汉墓、蚌埠大明等文化产业示范园区建设。健全文化市场体系，建设中国郑州广播影视节目交易中心和郑州区域性新闻出版物流中心。开通河南电视台卡通频道。大力发展对外贸易，打造一批文化产品出口示范基地，推动中原文化‘走出去’”。

第四，推动金融产业的规模实力。《规划》明确“加快推进郑东新区金融集聚核心功能区建设，积极开展国际结算业务，推动国内外金融机构、后台服务中心、金融外包服务企业进驻。支持郑州商品交易所增加期货品种，推动综合保税区开展离岸金融业务。推进地方法人银行改制重组。积极研究在河南设立保险公司法人机构的可行性，在条件具备的情况下给予必要支持。支持符合条件的农村信用社改制组建农村商业银行。支持设立创业投资基金，培育股权投资机构。支持符合条件的企业上市和发行债券，扩大直接融资规模”。

第五，依托电商网络，改造传统服务。《规划》提到“优化城市商业网点结构和布局，鼓励和支持连锁经营、物流配送、电子商务等经营业态向农村延伸，引导住宿和餐饮业健康规范发展。推动传统商贸、餐饮和休闲娱乐融合发展，鼓励中心城市积极发展商贸综合体。以社区商业网点、社区养老、家政服务、医疗卫生等改造建设为重点，推动创建一批居民服务示范社区。支持发展具有较强竞争力的大型商贸流通企业”。

第六，培育新兴服务业。《规划》提到“大力发展信息服务业，建设郑州软件服务外包基地，加快推进郑州国家电子商务示范城市建设。加快发展研发设计、技术交易、信息咨询等服务产业，推动科技、创意企业孵化园区建设，创建一批企业工业设计中心。积极发展会展业，举办国际性展会，培育知名会展品牌。支持郑州发展国际会展业，推进郑州服务业综合改革试点市建设”。

（5）提高自主创新能力

建设产业创新中心，提升自主创新能力。《规划》指出“强化科技支撑，发挥企业自主创新主体作用，实施企业创新能力建设工程，强化与高等院校、科研院所及跨国企业的战略合作，建设一批企业技术中心、工程（重点）实验室、工程（技术）研究中心等研发平台。加强与中国科学院的合作，推进科技成果转移转化中心建设。在矿山装备、冶金节能、小麦育种、物联网等领域建设一批产业技术创新战略联盟，提高轨道交通、智能电网、花卉、生物医药等创新联盟发展水平。实施品牌创建工程，培育一批拥有自主知识产权和核心技术的知名品牌。支持郑州、洛阳等加快建设国家创新型城市，推动郑州、洛阳成为具有重要影响力的产业创新中心。推动在中原经济区布局建设知识产权区域中心。支持邢台、邯郸、长治、淮北、蚌埠、开封、洛阳、平顶山、安阳、新乡、南阳等老工业基地城市加快调整改造，支持焦作、濮阳、三门峡等资源型城市可持续发展”。

3. 新型农业现代化建设

（1）加快农业结构战略性调整

发展各类优势农业活动，推动农业多样化发展。《规划》指出“加快现代畜牧业发展，重点提高生猪产业竞争力，扩大奶牛、肉牛、肉羊等优势产品的规模，大力发展禽类产品，提高畜禽产品质量，建设全国优质安全畜禽产品生产基地。推进畜禽标准化规模养殖场（小区）建设，完善动物疫病防控和良种繁育体系，发展壮大优势畜牧养殖带

(区)。优化生产布局，加大养殖品种改良力度，发展高效生态型水产养殖业。加快优势特色产业带建设，大力发展油料、棉花产业，推进蔬菜、林果、中药材、花卉、茶叶、食用菌、柞桑蚕、木本粮油等特色高效农业发展，建设全国重要的油料、棉花、果蔬、花卉生产基地和一批优质特色农林产品生产基地”。

(2) 构建现代农业支撑体系

依托农业大户，提升农业科技与培育农业产业集群。《规划》提出“实施现代农业产业化集群培育工程，加快发展农民专业合作组织，壮大龙头企业，培育知名品牌，做大做强优势特色产业，构建现代农业产业体系，建设一批现代农业示范区。推动耕地向种粮大户、农机大户、家庭农场和农民专业合作社集中，促进农业适度规模经营。加强农技推广队伍建设，深入实施重大科技专项，推进农业科技创新和成果转化，提高农业公共服务能力。完善农产品流通体系，建设一批大型农产品批发交易市场。加强农产品质量安全体系建设，建立健全农产品质量安全标准体系和质检体系。加强农业信息和气象服务，推进农村信息化建设”。

(二) 粮食生产核心区建设

1. 加快推进农业基础设施建设

(1) 推进农业机械化、科技化建设

以国家实施农机补贴政策为契机，积极向上争取农机购置补贴资金，大力发展农机作业合作社和服务公司，通过发展农机化，推进农业标准化、规模化和集约化，提高土地产出率和农产品质量安全水平。

(2) 加强以水利为重点的农田基本建设

围绕解决防洪防涝、干旱缺水和水环境恶化三大问题，科学规划，统筹兼顾，标本兼治，综合治理，重点加强水源建设、中低产田改造、节水灌溉建设，建设一批控制性水源工程，增强水资源控制能力，完善农业生产条件，增强农业生产抗御自然灾害的能力和实现可持续发展。加强农村人畜饮水安全、乡村道路、农村沼气等农村“六小工程”建设，提高广大农民的生产、生活质量。

2. 推动新型农业经营主体

(1) 积极培育新型职业农民

以“阳光工程”、农村实用人才培训等项目为载体，着力培育农业技术推广骨干人才、农村实用人才带头人和农村生产型、经营型、技能服务型人才。依托新型职业农民培育工程，聘请高素质、经验丰富的教师授课，有目的、有手段地选择一批学员进行优先培训，分层授课，强弱帮扶，形成以点带面的新型农民等级结构，力争在2020年达到每户至少培养1名懂科学、会技术、能创新的新型职业农民。

(2) 推动构建新型农业经营体系

以“三个导向”为理念，培育壮大种养大户、家庭农场等新型农业经营主体，加快构建新型农业经营体系，打造一批具有中原特色的专业村。以“公司+基地+合作社+农户”的产业化模式开展经营，鼓励发展专业合作、股份合作等多种形式的农民合作社，推进财政支持农民合作社发展创新试点，设立融资性担保公司解决农民贷款难题。

3. 提高农民种粮的积极性

第一，进一步加大支农惠农力度，全面落实国家对粮食调出大省的良种补贴、种粮直补等政策，进一步提高粮食主产区的粮食收购价格，根据调出商品粮数量对粮食调出省进行奖励，按照“谁受益，谁补偿”的原则，由国家和粮食主销区对粮食主产区给予补偿。第二，加大对种粮农民和粮食生产大县的直补力度，改变支农惠农资金“下毛毛雨”的现状，使粮食主产区支农惠农力度显著高于一般粮区。第三，国家层面在粮食主产区重点安排与农业有关的工业项目，加大对涉农工业企业在金融、税收、技术等方面的扶持力度，促进粮食主产区涉农工业发展，促进农业现代化。第四，加大对粮食和优势农产品生产基地的建设投入，加大种子、化肥、植保、灾害预防等科技支撑体系建设，提供免费农业科技咨询，建立长期稳定的农业科技宣传、教育和示范体制。第五，支农惠农的力度与农业经营的规模挂钩，加大对规模经营农户的支持力度，引导和促进农业规模经营。

4. 建立健全耕地保护机制

城镇建设用地的增加要与本地区农村建设用地的减少相挂钩，城市建设用地的增加规模要与吸纳农村人口进入城市定居的规模挂钩，城市化地区建设用地的增加规模要与吸纳外来人口定居的规模挂钩。相对适当扩大重大开发区域建设用地规模；严格控制农产品主产区建设用地规模，严禁生态功能区改变生态用途的土地供应。妥善处理自然保护区农地的产权关系，引导自然保护区核心区人口逐步转移。在执行上述政策的基础上，建立区域间“耕地占补平衡”指标交易制度，国家级重点开发区和省级重点开发区土地供应压力大的地区可以在耕地资源相对充裕的农业重点开发区实现异地占补平衡，科学引导耕地布局优化。相应地，粮食产量目标任务难度大的地区也可以通过与粮食综合产能高的地区建立经济互助机制，异地投资农田整治，保障全省粮食综合产能目标的实现。

5. 进一步提升耕地的保障性

第一，要坚决贯彻执行《中华人民共和国土地管理法》《中华人民共和国城乡规划法》《基本农田保护条例》，严禁一切形式的非法占地，严禁在土地批用中的批少占多、批次占好，甚至未批先占、占多报少等弄虚作假行为，切实兑现占补平衡，保护基本农田不受侵占。第二，加强对城镇周围、乡镇府驻地附近、粮食生产基地周边优质耕地的保护，严肃批地权限，严禁越权批地，为发展现代化高效农业提供支撑。第三，禁止占用耕地搞“政绩工程”、“形象工程”、景观大道等，避免用“形象”破坏耕地现象的发生。

6. 提升粮食加工业的产业化水平

大力引进先进的生产加工工艺设备和先进的生产经营方式、管理理念，把大量的初级加工转向生物、医药、环保、能源等精深加工。进一步加大对重点农产品加工企业的扶持力度，在全省形成一大批产业关联度大、技术装备水平高、辐射带动能力强的多种类型的龙头企业，进一步提高农产品的国内外市场份额，特别是提高农产品的出口创汇能力。龙头企业在产业化经营中有着中枢和领导地位，具有开拓市场、引导生产、加工转化、销售服务的作用，其生产能力、组织能力的高低直接决定了粮食产业化经营的水平。要积极扶持一批技术含量高、加工能力强的加工企业，引进先进技术和工艺，全面提升加工产品的品位和竞争力，延伸产业链，增加产品附加值。鼓励龙头企业与农民发展订单粮食，不断完善“公司 + 基地 + 农户”的粮食产业化经营模式，通过国家级、省级、市级产业化龙头企业的培植，促进粮食生产的规模化经营，提高粮食生产经济效益，确保粮食生产稳定发展。广泛开展龙头企业与购销企业的对接双赢，合理利用粮食资源，促进粮食产销衔接，降低市场经营风险，努力实现农业增效、农民增收。

7. 促进粮食生产核心区基地建设

依托纳入全国新增千亿斤粮食生产能力规划的县（市、区），建设黄淮海平原、南阳盆地、太行山前平原、汾河平原优质专用小麦和优质玉米、水稻、大豆、杂粮产业带，大幅提高吨粮田比重，建设粮食生产核心区。加强农产品主产区耕地保护，稳定粮食播种面积。推进大中型水库和灌区建设，加大低洼易涝地治理、病险水库除险加固和大型灌排泵站更新改造力度，增强抗御旱涝灾害能力。加快高标准农田建设和中低产田改造。实施粮食丰产科技工程，建设一批粮食科技示范区。加快超高产新品种选育推广，建设全国小麦、玉米、水稻育种创新基地。推进整建制粮食高产，实施粮食综合生产能力重大工程，打造 20 个粮食生产能力超 20 亿斤、25 个 15 亿 ~20 亿斤和 60 个 10 亿 ~15 亿斤的粮食生产大县，建设区域化、规模化、集中连片的国家商品粮生产基地。

8. 推进农村土地自由流转

健全与完善现有的城乡土地流转交易平台，将土地流转与产业化经营、现代农业示范基地建设、新农村建设引导点建设相结合，优化已建立的土地流转服务平台。县、乡（镇）两级建立土地流转服务中心，作为农村土地流转的有形市场，负责本区域土地流转的日常服务工作，开展政策咨询、信息搜集及发布项目推介、流转价格评估、合同登记备案、权证变更登记等。村级建立土地流转服务站，土地流转信息员负责宣传农村土地流转政策法规，建好土地流转台账，及时传递和反馈土地流转信息。同时，农业产业化龙头企业、农民专业合作社、农业种养业大户等新型农业经营主体是农村土地流转和规模化经营的基础，要通过培育壮大他们带动土地流转。

此外，增强危机意识，全面提高农产品质量。千方百计提高农产品质量，想方设法打破国际市场上日益加高的“绿色壁垒”。从现在抓起，必须从农产品的田间生产抓起，改善水、土壤、环境对产品质量造成的影响，坚决按标准化生产，解决粮食等农产品的农药和有毒成分、放射性物质、重金属超标等问题。要加快无公害农产品生产基地的国家认定和获得国家无公害产品的认证工作，加大政府投入力度，引导农民走标准化的农业生产之路。

（三）现代化基础设施建设

1. 建设综合交通枢纽

以郑州为中心，依托中原经济区交通廊道，优化中原经济区网络交通。《规划》提出“提升郑州的全国性综合交通枢纽地位，加快推进郑州东站、郑州新郑国际机场和郑州火车站三大客运综合枢纽建设改造，推动铁路、公路、民航等多种运输方式高效衔接，实现客运零距离换乘、货运无缝衔接。完善和提升郑州铁路集装箱中心站、郑州北编组站、郑州东货运站功能，加强与沿海港口和各大枢纽的高效连接，把郑州建成基础设施完备、配套设施健全、多种交通方式高效衔接、内捷外畅的全国性综合交通枢纽。改造提升蚌埠、阜阳、商丘、聊城、邯郸、安阳、新乡、长治、洛阳、三门峡、南阳、漯河、信阳、运城、菏泽、邢台等地区性交通枢纽，形成与郑州联动发展的枢纽格局”。

2. 构建现代交通网络

第一，推进铁路交通建设。《规划》提出“以客运专线、城际铁路、大能力运输通道为建设重点，扩大铁路网总规模，完善路网结构。建设郑州至徐州、商丘至合肥至杭州、郑州至万州等铁路，规划研究郑州至济南、郑州至太原、郑州至合肥等快速铁路通道，加快构建高效连接的‘米’字形铁路网络。适时调整并进一步完善中原城市群城际轨道交通网规划，有序推进城际轨道交通网建设。加快蒙西至华中地区铁路建设，完成宁（南京）西（西安）等铁路复线电气化改造工程，形成多条跨区域的大能力运输通道。结合汝州至许昌既有铁路扩能改造，逐步形成覆盖三门峡、平顶山、许昌、亳州等地区的煤运通道。根据地方经济社会发展需要，结合区域铁路规划编制，开展专支线和集疏运铁路的研究论证工作，构建互联互通的区域铁路网络”。

第二，完善公路网建设。《规划》指出“加快国家高速公路建设，打通断头路，消除瓶颈路段；加强国省干线公路改扩建，提高公路通行能力和服务水平，进一步完善网络结构，推进国、省道网调整规划实施，形成功能完善、结构优化、内联外通、畅通中原的公路网络。统筹推进高速公路联络线、城际快速通道、旅游公路、国防公路建设，提高区域内路网通达能力。提高农村公路建设标准和服务水平，加快县乡公路、大中桥梁建设和危桥改造，实施农村连通工程，实现‘县县畅、乡乡联、村村通’”。

第三，改善内河水运建设。《规划》指出“加快推进淮河和沙颍河国家高等级航道建设，推进涡河、沱浍河、唐河、贾鲁河、洪河等地方重要航道和黄河小浪底、三门峡库区航道建设，适时推进汾泉河、西淝河等地方支流航道建设。建设区域性重要港口，升级改造蚌埠、临淮船闸及航道，全面提升淮河干流通航标准”。

第四，提升航空交通建设。《规划》指出“实施郑州机场二期工程，推进郑州国内大型航空枢纽建设。改扩建洛阳、南阳、运城、邯郸、阜阳、长治机场，进一步增开航线。积极推进支线机场建设，规划建设商丘、信阳、邢台、聊城、豫东北、蚌埠、鲁山机场。加快通用航空业发展，研究规划建设一批通用机场”。

3. 建设全国重要的能源基地

第一，依托煤炭资源优势，促进煤炭基地建设。《规划》指出“加强主要矿区深部及外围资源勘查，加快推进现代化大中型矿井建设，实施矿区煤炭产能接续和产业升级改造工程，深化煤矿企业兼并重组，构建‘大集团建设大基地’开发格局。强化煤矿安全改造和煤炭产业升级。推进煤层气资源勘查开发，建设一批规模化抽采利用矿区。依托骨干煤运通道，建设大型煤炭储配基地，积极利用中原经济区外的煤炭资源”。

第二，完善电力基地和电网建设。《规划》指出“依托主要产煤区和重要煤运通道，建设大型坑口、路口电站。鼓励建设煤电一体化电厂。积极推进热电联产、低热值煤发电和必要的电网支撑电源项目建设，有序推进抽水蓄能等调峰电站建设。开展南阳、信阳核电项目厂址保护。规划建设跨区输电通道，加快完善主网架和地区骨干电网，加强城乡电网建设和改造升级，推进电网智能化和输配协调发展”。

第三，推进油气和新能源建设。《规划》指出“加强石油、天然气、煤层气、页岩气等勘探开发和利用。配套建设原油、成品油管道和油品储备库，形成以郑州为枢纽的油品供应网络。实施‘气化中原’工程，依托西气东输、新疆煤制天然气外送管道等国家骨干输气管道及大型储配工程，加快区域天然气干网管线和配套支线、储气调峰设施建设，到2020年，将管道天然气覆盖到所有的县级以上城市。大力推进天然气利用，重点发展城市、工业、车用和天然气分布式利用。发展大中型沼气工程和沼气发电，推进纤维乙醇产业化，建设国家先进生物质能源化工产业示范基地。建设太阳能发电示范工程，加快开发风能资源。积极发展利用光电、光热、分布式风电、地热等新型用能模式，大力推广新能源技术应用和示范。改善农村用能条件，构建农村绿色能源体系”。

第四，加快推进晋东南能源基地建设，全面提升煤炭产业规模化、机械化、信息化水平，大力促进煤炭深加工，推进低热值煤发电，加快煤层气、页岩气等开发利用，构建“煤、电、气、化”综合能源产业基地，加强能源外送，增强中原经济区的能源保障能力。

4. 加强水资源保障

第一，通过黄河、淮河等大江大河治理，建设河口村水库，推进出山店等大中型水利控制性工程前期工作。《规划》指出“加强淮河、海河流域蓄滞洪区建设，健全洪水影响评价制度。完成病险水库及水闸除险加固。全面建成南水北调中线工程及配套工程。实施南水北调中线总干渠防洪影响工程。深化西霞院至南水北调总干渠贯通工程前期工作，建设引黄、引淮等一批调蓄工程，规划建设引江济淮等跨流域骨干调水工程。加强中小河流治理和山洪灾害防治。加强水源地建设保护，重点做好丹江口库区和南水北调中线、东线工程输水沿线、承担城市供水任务大中型水库的保护”。第二，加强城市防洪排涝工程建设。实施地下水保护行动计划，加快河流生态修复、雨洪利用、地下水补源、抗旱应急备用水源工程建设。建设黄河中下游沿线综合开发示范区，打造集生态涵养、水资源综合利用、文化旅游、滩区土地开发于一体的复合功能带。

5. 加快信息网络设施建设

建设中原智库，完善信息化基础设施。《规划》提到“实施宽带中原、智慧中原、无线城市、光网城市等重大工程，构筑覆盖中原的高速光纤宽带网。到2020年，城市光纤到户覆盖家庭达到100%，行政村实现村村通光纤。实施移动通信网络升级工程，实现第三代移动通信技术（3G）网络覆盖城乡、第四代移动通信技术（4G）网络基本建成、无线局域网基本覆盖主要公共场所。推进中原数据基地、呼叫中心和数据中心等重大项目建设。加快建设电子政务、电子商务、交通、现代物流等公共信息服务平台和业务应用平台，提升郑州信息集散中心和通信网络交换枢纽地位，促进信息通信产业集聚发展。根据实际需求、产业基础和信息化条件，突出区域特色，推进河南省物联网产业园建设。加快实现郑汴电信同城。加快电信网、广播电视网、互联网升级改造，推进'三网融合'。加快推进民生领域信息化。整合涉农信息资源，推动电信运营企业加快农业农村综合信息服务平台建设。建立网络信息安全运行维护管理体系，完善容灾备份和信息安全应急体系"。

（四）促进区域联动发展和开放合作

中原经济区涵盖5省30个市，要推动各地市打破行政界限，促进区域的交流与合作，实现区内各地市经济社会的快速发展与整体实力提升是推进中原经济区建设的关键所在。因此，推动中原经济区区际交流与区内合作，对于推动中原经济区区域联动发展和开放合作发挥着重要的促进作用。完善中原经济区联动发展机制，打造高水平开放合作平台，促进区域共同发展繁荣。全面提升对外开放水平，建设内陆开放高地，强化全国区域协调发展的战略支点作用。

1. 优化区域内分工合作

（1）加快区域一体化发展

推动优势资源要素的自由流动，促进产业的一体化发展。《规划》提到"完善产业分工协作体系，打造区域优势产业链，实现产业对接、错位发展。探索跨行政区域产业合作发展新模式，推动共建产业园区。

打破行政界限和市场分割，建立统一的商品市场、产权交易市场、人力资源市场，加强科技资源、信用体系、市场准入、质量互认等对接。推动基础设施一体化，协同建设跨省铁路、高速公路等重大基础设施，加强能源开发、信息网络、生态保护等方面合作共建。合作开发精品旅游线路，打造‘中原旅游’品牌”。

（2）完善区域合作机制

加强五省地市领导联系与交流，搭建政府沟通平台。《规划》提到“建立中原经济区五省政府高层协调机制，统筹协调区域发展重大问题。建立市长联席会议制度，强化在促进区域合作中的统筹、协调、指导和服务职能。在区域专项规划编制、区域政策协调、要素资源流动、生态环境联防联治、联合执法等领域探索建立合作新机制。发挥现有区域合作组织的作用，拓宽合作领域，提升合作水平”。

（3）支持开展区域合作示范

推动邻近地市展开经济合作，带动局部地区经济发展。《规划》提到“鼓励省际交界地区依托交通、物流、产业等优势，开展区域合作，打造中原经济区区域合作示范区。支持河北省在邯郸、邢台建设冀南区域合作示范区，推动邯（郸）邢（台）一体化，重点发展先进装备制造、现代物流等产业，探索跨区域产业合作、利益共享、产业与生态融合发展、投融资体制改革创新等新机制。加快晋陕豫黄河金三角地区承接产业转移示范区建设，支持开展区域协调发展试验，打造中西部地区合作发展的重要平台”。

2. 密切与其他经济区的联系

广泛开展交流合作，不仅仅局限于经济区内部的经济合作，而且鼓励与全国其他经济区展开合作。《规划》指出“充分发挥中原经济区战略腹地效应，全面加强与周边经济区的合作互动，重点推动东向出海口和西向欧亚大陆桥的对外开放大通道建设，提升对内对外开放水平。依托东向交通通道，打通到上海、青岛、黄骅、日照等地的便捷出海口，密切与环渤海、皖江城市带、长三角等经济区的联系，有序承接产业转移，拓展合作领域。依托南向交通通道，推进与长江中游地区合作发展，积极参与珠三角产业分工。发挥陆桥通道功能，扩大向西开放，加强与关中—天水经济区和成渝经济区的联系，密切与西部地区在资源、能源等方面的合作，主动融入新一轮西部大开发。依托北向通道，加强与京津冀地区的经济技术交流与合作，提高产业链接和协作配套水平。深化与港澳台地区经贸合作，定期举办一批重大经贸文化交流活动，加快焦作（台湾）农民创业园等合作园区建设”。

3. 发展内陆开放型经济

（1）构建对外开放重要平台

建设经济开发新区，推动对外交流合作。《规划》指出“支持符合条件的国家级、省级开发区扩区和调整区位，支持符合条件的省级开发区升级为国家级开发区。支持在条件成熟的地区设立海关特殊监管区域。完善郑州航空口岸设施和功能，建立大通关联络协调机制，加强与沿海港口及边境口岸的联动合作，推动公、铁、空、海等多式联运无缝衔接，推进电子口岸建设，提升大通关‘一站式’服务水平，建设内陆开放型经济示范区。研究设立郑州内陆汽车整车进口口岸，加快推动洛阳航空口岸健康发展。充分发挥聊城、菏泽东向出海桥梁的作用，增强物流集疏功能，推进加工贸易转型升级，建设鲁西内陆开放试验区。依托商丘、周口、驻马店、信阳等黄淮四市，建设豫东南承接产业转移示范区”。

（2）提高对内对外开放水平

加强与全球跨国公司的合作。《规划》指出“引进世界500强企业和行业龙头企业，设立区域性总部、研发中心和生产基地。推动具备条件的企业到境外上市融资，积极利用国外优惠贷款。扩大高新技术产品、机电等高附加值产品出口规模，大力发展服务贸易和服务外包，建设郑州外贸出口基地。积极承接沿海加工贸易梯度转移，建设一批加工贸易转移重点承接地。加快实施‘走出去’战略，鼓励和引导有条件的企业开展国际化”。

六、推进措施

（一）优化城市空间发展格局

1. 推动郑汴一体化建设

郑汴一体化不仅可以提升郑州首位城市综合带动辐射能力，而且能够增强中原经济区核心增长板块作用。为了推进郑汴金融一体化发展，2013 年 1 月 1 日起，郑州、开封两地正式实施金融同城，建立覆盖郑汴两地的统一、方便、快捷、安全、高效的金融服务体系，实现两地银行业金融机构收费体系、信息体系、清算系统对接，无差别地服务两地消费者，来推动郑州、开封两地在金融方面的一体化发展。2013 年 10 月 26 日起，电信同城郑州开封共用 0371 区号，开封原号码前加 2 数字，0378 区号退出历史舞台，这标志着郑汴同城化发展又迈出了重要一步。2014 年，作为郑汴融城战略的配套工程郑开城际铁路正式开通运营，这对于进一步增加郑汴联系，促进郑汴一体化发展又上升了一个新台阶。基于郑开城际，我们有理由相信在不远的将来，开封作为郑州的卫星城对于促进郑开职住分离与城市问题的解决发挥着重要的作用。同时，开封也在为积极融入郑汴一体化建设不懈努力，提出“依托省会，对接郑州，融入航空港，打造郑汴一体化升级版”，构建“四带三区”产业发展新空间，打造“郑汴一体化升级版”，使两城之间的联系更加紧密。此外，2015 年以来，河南省推动开港经济区建设，打造开港经济带，形成郑州、开封以及郑州航空港建设的重要经济廊道，重点发展跨境电子商务、高端制造等产业，有力推进了郑汴经济的一体化发展。随着郑东新区的繁荣与发展，开封西区的建设也在如火如荼，郑、开两地的产业联动发展水平也在不断提升。

2. 提升中原城市群一体化水平

中原城市群的建设历来是河南省城镇化发展重点，从李克强开始，四任河南省委书记接力，不断推进中原城市群发展战略，丰富和延展了中原城市群的内涵与外延，中原城市群建设取得了丰硕的成果。从国家战略层面，《国家新型城镇化规划（2014—2020 年）》明确提出加快培育中原城市群等城市群，使之成为推动国土空间均衡开发、引领区域经济发展的重要增长极。为贯彻落实《国务院关于深入推进新型城镇化建设的若干意见》（国发〔2016〕8 号）（以下简称《意见》）和省委城市工作会议精神，河南省在推进中原城市群的建设中，提出了提升中原城市群一体化发展水平的要求。《意见》指出，编制实施中原城市群发展规划，打造支撑中部崛起的核心增长区域和带动全国发展的新空间。加快轨道交通网络建设，推进"米"字形高速铁路网全面建设，建成新郑机场—郑州南站、郑州南站—登封—洛阳、焦作—济源—洛阳、郑开延长线等城际铁路，构建以郑州为中心的半小时核心圈、1 小时紧密圈。实施国家高速公路网繁忙路段拓宽改造，提高跨省通道和城市群核心圈加密路段、紧密圈联通路段综合运输能力。强化综合运输通道支撑和拓展功能，以产业集聚区和服务业"两区"为载体，培育一批特色优势产业集群。创新跨区域生态建设与环境治理联动机制，加快重大线性工程沿线和淮河、长江、黄河等河流及其主要支流沿岸生态廊道建设。统筹规划建设高速联通、服务便捷的信息网络，鼓励大型医疗机构跨区域布点，促进科技资源开放共享，建立一体化人力资源市场，促进人才、科技等要素的高效配置和合理流动。

2016 年 12 月 29 日，国家发改委印发《中原城市群发展规划》，中原城市群成为国家第七个国家级城市群。《中原城市群发展规划》提出，"将中原城市群建设成为中国经济发展新增长极、重要的先进制造业和现代服务业基地、中西部地区创新创业先行区、内陆地区双向开放新高地和绿色生态发展示范区"。《中原城市群发展规划》还提出"建设现代化郑州大都市区，推进郑州大都市区国际化发展。把支持郑州建设国家中心城市作为提升城市群竞争力的首要突破口，强化郑州对外开放门户功能，提升综合交通枢纽和现代物流中心功能，集聚高端产业，完善综合服务，推动与周边毗邻城市融合发展，形成带动周边、辐射全国、联通国际的核心区域；进一步提升洛阳副中心城市地位，支持长治、邯郸、聊城、安阳、蚌埠、阜阳、商丘、南阳等建设成为区域中心城市。通过全面推进基础设施和公共服务对接共享，完善区域合作机制，协调处理好中心城市与其他城市、大城市与中小城市的关系，创新城乡统筹发展机制，全面提高城镇化发展质量和水平”。

（二）推动三化协调发展

1. 新型城镇化引领

以人为本的“人的城镇化”是新型城镇化的核心所在。第一，建设新型城镇化试点。省政府办公厅印发《河南省新型城镇化综合试点工作实施方案》（以下简称《方案》），将在洛阳市、濮阳市、巩义市、滑县、邓州等28个市、县，推进国家和省级新型城镇化综合试点工作，力争率先取得突破，为全省推进新型城镇化提供经验。第二，推进现代城镇体系建设。河南省将以国家批复的《河南省城镇体系规划》为契机，加快五级现代城镇体系建设。通过加快国家区域性中心城市郑州的发展，提升地区性中心城市就业吸纳能力，壮大县域中心城市发展实力，促进中心镇集聚式发展，推进新型农村社区建设，完善河南省现代城镇体系。第三，城乡一体化发展。以鹤壁、济源、巩义、义马、舞钢、偃师、新郑等7个作为城乡一体化试点市，明确新阶段试点工作的基本思路和重点任务，选择条件成熟的局部先导区域，率先开展城乡一体化探索试验，逐步推进全域一体化发展。第四，推进居住证制度建立与普及。河南省政府发布《关于深入推进新型城镇化建设的实施意见》，提出全面实行居住证制度。提出各省辖市、县（市、区）要建立健全以居住证为载体、与居住年限等条件相挂钩的基本公共服务提供机制，保障居住证持有人在居住地享有基本公共服务，享有按照国家有关规定的其他便利。鼓励各省辖市、县（市、区）政府根据本地实际，不断扩大对居住证持有人提供的公共服务范围，缩小与户籍人口基本公共服务的差距，避免居住证与基本公共服务脱钩。第五，推进棚户区改造。根据各地市的具体发展状况，在全区各市的主要城市建成区实施棚户区改造行动计划和城镇旧房改造工程，加快推进城镇棚户区和“城中村”改造，有序推进旧住宅小区综合整治、危旧住房和非成套住房改造，加强配套基础设施建设。同时，继续推进城边村的城镇化改造与基础设施建设，加快城边村的城镇化进程。第六，支持非城镇户籍常住人口在城镇买房，消化内地房屋库存。完善城镇住房制度，鼓励引导农民进城购房，对农业转移人口购买首套房给予补贴或贷款贴息，鼓励商业银行开展农村居民个人住房贷款业务，加强对农民进城购房的金融支持。

2. 新型工业化主导

新型工业化是推动中原经济区工业化优化发展的有效途径。第一，新型工业化产业示范基地建设。早在 2010 年，河南省人民政府就与工业和信息化签订了战略合作框架协议，在全国率先出台《河南省创建新型工业化示范基地建设实施意见》。随着各地市产业示范基地建设工作的有序进行，截至 2012 年，河南省已经建立了 7 个国家级新型工业化产业示范基地，42 个省级新型工业化产业示范基地，遍布河南省的许多地市。第二，推进产业集聚区的发展。省政府出台相关政策进行引导，同时增加对产业集聚区发展的资金支持，来促进产业集聚区的发展，加快新型工业化进程。通过奖金表彰的形式，鼓励各地市做大做强本地产业集聚区经济，如通过评选“十强产业集聚区、十快产业集聚区、先进产业集聚区”等活动，推动各地市产业集聚区的发展。第三，推动绿色化发展。以“绿色化”思维直接推进河南新型工业化和信息化的发展，最终实现“美丽河南”的建设目标。通过大力发展循环经济和可再生能源，促进产业结构绿色化升级。通过大力发展节能环保产业，打造新的支柱产业。有利于促进产业结构优化升级、提高能源资源循环利用效率。通过实施“互联网+”行动计划和“中国制造2025”规划，带动传统产业绿色化升级改造。在城乡基本建设和住宅的规划、设计、建设、环境等方面全方位落实，引导社会公众形成低碳绿色的生活方式，崇尚勤俭节约、绿色低碳、文明。

3. 新型农业现代化基础支撑

第一，大力实施高标准粮田“百千万”建设工程，稳定提高粮食综合生产能力。持续推进农业综合开发、土地整理和复垦开发，加快中低产田改造和吨粮田建设，确保全年新建高标准粮田900万亩，全省粮食总产量稳定在1100亿斤以上。制定高标准粮田管理条例，划定永久基本农田，对已建成的高标准粮田加强道路、电网、水网、林网、气象等公共设施维护和管理，确保长久发挥效益。第二，加强农田水利建设和管护。加强大中小病险水库除险加固和中小河流重要支流治理，推进小浪底南北两岸灌区、西霞院灌区及赵口灌区等一批大中型灌区续建配套与节水改造工程建设，完善末级渠系和田间工程配套，显著提高抵御旱涝灾害能力。开工建设南水北调中线防洪影响工程，实施滞洪区安全设施建设。第三，加强农业科技创新。以河南粮食作物协同创新中心为依托，发挥鹤壁、濮阳、南阳、许昌4个国家级农业科技园区的带动作用，深入推进高产创建，加大农业先进适用技术推广应用，探索建立政府购买农技推广服务竞争机制，多渠道解决农技推广“最后一公里”问题。第四，继续实施现代农业产业化集群培育工程。发挥粮食资源优势，大力培育发展粮食深加工产业集群；抓好肉牛、花卉、苗木、林果等特色高效农产品生产基地建设，积极推动有条件的地区建设现代畜牧产业化集群及高标准蔬菜、食用菌、优质油料产业化集群，争取全年新建20个以上示范性农业产业化集群。推进8个国家级现代农业示范区建设，启动温县现代农业综合配套改革试验区建设。

（三）粮食核心生产区建设

建设国家粮食生产核心区，与建设中原经济区、郑州航空港经济综合实验区一起，并称为河南三大战略目标。2010 年 9 月 30 日，河南省发布《关于河南粮食生产核心区建设规划的实施意见》，规划到 2020 年，粮食生产用地稳定在 7500 万亩，粮食生产能力达到 1300 亿斤，成为全国重要的粮食生产稳定增长的核心区、体制机制创新的试验区、农村经济社会全面发展的示范区。为了按时完成粮食增产任务，河南省根据各地的气候、土壤、水资源、粮食生产基础，确定了涉及的 15 个省辖市的粮食增产任务；根据作物区域布局、增产潜力等，确定了小麦、玉米、水稻三大粮食作物的增产任务；根据现有粮食生产水平和增产潜力，确定了涉及的 95 个县（市、区）的粮食增产任务及年度目标。主要通过以下几个方面来推进河南省粮食核心生产区建设。

1. 稳步推进高产稳产建设

2012 年，河南省在全国率先启动高标准粮田“百千万”建设工程，集中打造 6000 万亩平均亩产超吨粮的高标准粮田，通过百亩方、千亩方和万亩方划定永久性基本粮田，确保粮食播种面积。在标准粮田内，通过利用农业现代化科学技术，增强粮田抗灾减灾能力，实现粮食的稳产保收。2012—2013 年，河南省通过完善、巩固、建成高标准粮田 2687 万亩。到 2014 年，全省整合各类农田项目建设资金投入到高标准粮田建设中，累计建成高标准粮田 3457 万亩，保证了河南省粮食 1100 亿斤的产量。

2. 明确粮食生产核心区的主体功能

在《全国主体功能区划》的指导下，基于全省粮食核心生产区建设，河南省将粮食核心生产区主题范围的 66 个国家级农产品主产县确定为农产品主产区，以提供农产品为主题功能，承担国家粮食生产核心区建设的重要任务。坚守河南省现有耕地红线，确保基本农田总量不减少、用途不改变、质量有所提高的目标，防止在城乡建设过程中盲目圈占、浪费土地等现象的发生。严格控制高污染、高耗能产业发展，从源头减少废物的产生，实现由末端治理向污染预防和生产全过程控制转变，保护粮食核心生产区基本农田，推动农田生产的绿色化发展。

3. 项目资金支持建设

通过科技支撑行动计划将从过去追求“增产为主”向“提质增效”转变，省农科院等3家省级农技单位通过技术集成，在全省多个项目县持续探索粮食生产“绿色化”，示范带动全省粮食生产加快转型升级。通过抓好“一方两区”（即万亩方、综合技术示范区、单一技术示范区）建设，开展粮食生产绿色增产模式攻关。据统计，2015年度科技支撑项目县共建设29个玉米万亩方、1个水稻万亩方，示范推广玉米、水稻新品种38个。其中玉米万亩方较对照地块平均亩增产94.6公斤，“两区”较万亩方分别平均增产5.2%和7%，圆满完成了秋粮生产计划目标。同时，节肥、节药、节水技术也在项目区得到不同程度的示范和推广。此外，项目县共建设30个小麦万亩方，示范推广新品种34个，目前各项目区的小麦长势良好。改变过去主要追求粮食增产的目标，探索粮食生产绿色增产、稳产模式，推动农业可持续发展。

（四）现代化基础设施建设

1. 推进现代化交通网络建设

（1）建设现代综合交通枢纽

巩固提升郑州全国性综合交通枢纽地位，加快航空港、铁路港、公路港、快速铁路网、高等级公路网建设，构筑交通物流新优势，打造“丝绸之路经济带”的战略枢纽和内陆开放门户。依托郑州航空港经济综合实验区，发展连接世界重要枢纽机场和主要经济体的航空物流通道，完善陆空衔接，建设国际航空货运枢纽。推进郑州东站、郑州火车站和郑州新郑国际机场客运枢纽发展，规划建设郑州南站、机场三期、铁路集装箱中心站二期等设施，提高客货运集疏能力。扩大郑欧国际货运班列运营规模，建设辐射中西部地区、连接中亚和欧洲的国际陆港。改造提升商丘、洛阳、南阳、信阳、安阳、新乡、许昌等地区性综合交通枢纽，形成与郑州联动发展的枢纽格局。

（2）构建中原城市群“一极三圈八轴带”发展格局

坚持核心带动、轴带发展、节点提升、对接周边，加快推进交通一体、产业链接、服务共享、生态共建，使中原城市群成为与长江中游城市群南北呼应、共同支撑“中部崛起”的核心增长区域。发挥郑州国家区域中心城市的辐射带动作用，打造中原城市群核心增长极。坚持向心发展，依托高速铁路和城际铁路网，构建以郑州为中心，涵盖洛阳、开封、平顶山、新乡、焦作、许昌、漯河、济源等八个省辖市的“半小时核心圈”、涵盖其余九个省辖市的“一小时紧密圈”和涵盖中原经济区其他中心城市的“一个半小时合作圈”。依托综合运输通道支撑，带动人口和产业集聚，壮大提升节点城市，形成辐射八方的“米”字形城镇产业发展轴带。

（3）构建地区性中心城市交通圈

依托铁路、高速公路、干线公路，构建以地区性中心城市为中心、辐射周边县城的中心城市交通圈，提升地区性中心城市功能。推进中心城市与周边县城之间的国、省道升级改造，基本实现城市组团与中心城市以一级公路快速连通，县城与中心城市全部以二级及以上干线公路连通。

（4）构建以县城为中心的县乡交通圈

加快普通干线公路、农村公路的升级改造，大力发展农村客货运输，构建以县城为中心、辐射所辖乡镇的县乡交通圈。实施乡村通畅工程，加强县乡危桥和村道大中桥改造，在县县通国道、乡乡有干线的基础上，基本实现乡道及以上行政等级公路覆盖行政村。

2. 推进现代物流建设

（1）构建现代物流网络

积极主动参与“一带一路”建设，依托郑州航空港、县（市）为支撑的三级物流骨干网络，形成以多式联运为基础的覆盖中部、辐射全国的郑州国际陆港、郑州国际物流园，打造以郑州为核心，其他省辖市、连通世界的国际物流体系。鼓励各类企业开设综合型物流专线，提升航空货运、郑欧班列、海铁联运运能。加强大型物流节点和公共物流配送设施系统性布局标准化、协同性建设，提高物流信息化、集约化水平。支持物流公共信息服务平台建设，建立和完善智慧物流信息体系，推动全省物流信息互联共享，促进车源、货源和物流服务、信息高效匹配。

（2）完善现代物流体系

鼓励物联网、仓储企业转型升级，支持快递企业、技术在仓储系统中的应用，支持商贸物流园区、仓储企业和物流信息平台企业相互融合。实施商贸物流标准化专项行动计划，推进以托盘标准化为突破口的流通标准化建设，探索包装、编码、领域标准化应用。推进郑州市城市共同配送国家试点、洛阳市电子商务与物流快递协同发展国家试点工作，支持有条件的省辖市申请国家试点，加快城市配送智能提货柜、终端设施建设。鼓励第三方物流发展，将物流服务延展到制造业采购、生产、销售及售后服务各环节。加快构建县（市）、乡镇、村物流节点网络，探索城乡一体化配送模式，建设服务连锁经营和网络销售的跨区域配送中心，逐步完善农村物流基础设施。

（五）推动区域联动发展和开放

1. 区内跨地市合作交流

（1）产业联合发展

逐步建立中原经济区五省政府高层协调机制和市长联席会议制度，统筹协调区域发展重大问题，并在区域专项规划编制、区域政策协调、要素资源流动等领域探索建立合作新机制；支持河北省在邯郸、邢台建立冀南区域合作示范区，加快晋陕豫黄河金三角地区承接产业转移示范区建设等。在中原经济区战略规划的指导下，河北省提出加快邯郸冀南新区建设的若干意见，提出从2013—2015年，市财政每年给予冀南新区专项借款2亿元，年初借年底还；从2013年至2015年，市财政每年安排专项财政扶持资金2000万元；从2013年至2017年，对冀南新区核心区实现的增值税、营业税、企业所得税和个人所得税市级分享部分，实行“核定基数、超收全返”的优惠政策，通过资金、政策和技术支持来促进冀南新区建设，推动其成为在中原经济区内具有重要影响力中心城市的重要依托。为推动中原经济区西部地市产业联动发展，山西与河南两省着力支持黄河金三角合作平台构建，并于2014年编制《晋陕豫黄河金三角区域合作规划》上报国务院已获得批示。该文件指出，以整合区域优势资源、创新区域合作机制、协调区际利益关系为重点，以共建承接产业转移示范区为抓手，着力加快基础设施互联互通，着力促进产业分工协作，旨在促进区域产业升级并实现产业承接。通过新建区域内跨地市的合作示范区来推动中原经济区内部地市之间的产业合作与区域分工，推动各地市产业联动发展，最终促进中原经济区的经济增长。

（2）环境联合治理

推动各地市环境问题的联合治理，省委、省政府成立200人的联合督查组，并抽调1000名警校学员组成现场督查组，采取明察暗访、现场督查、跟踪督办等多种方式，对各级各部门攻坚战推进落实情况进行全面督查督办。省下发专门文件指出，郑州、新乡、焦作、鹤壁、安阳5市除达到省定目标外，还要采取更加严格的措施。提出郑州市到2017年底退出全国74个重点城市环境空气质量由好到差排序后10名。推动中原经济区各地市开展污染联合防治工作，提高各个地市政府部门在防治环境污染等方面的交流与合作，共同应对环境污染。通过在郑州市实行单双号限制出行的方式，鼓励城市居民乘地铁、公交出行，减少城市汽车尾气排放。大力开展城市市政工程建设，逐步推进冬季集中供暖设施建设，降低人均污染排放量。重点推进新乡、鹤壁、安阳、邯郸、邢台等北方煤炭取暖城市的整体集中供暖水平，减少冬季污染物的排放。通过各类污染防治措施，减少冬季硫氧化物、氮氧化物的排放，提高空气能见度与城市空气质量，减少中原经济区的雾霾天气天数。

2. 提高区内对外开放水平

（1）形成对外开放高地

郑州航空港经济综合实验区国际国内“双枢纽”格局初步显现，国际货邮吞吐量增速持续保持在全国主要机场首位，智能终端、精密机械、航空物流、生物医药等产业加快集聚。中欧（郑州）班列实现往返常态开行和境内境外双向集疏，集货范围覆盖境外 22 个国家 112 个城市。中国（郑州）跨境电子商务综合试验区获批建设，跨境电商实现多载体、多模式、多元化发展，跨境电商业务量、纳税额等指标均居全国试点城市首位。

（2）推动国际经贸合作

本土企业“走出去”开展直接投资、跨国并购、工程承包等活动日益频繁，双汇并购史密斯菲尔德，栾川钼业收购力拓集团澳大利亚铜金矿，淅减竞购意大利威奥斯图公司设立海外研发中心，宇通、许继、金龙钢管等企业在海外设立生产基地，一批境外工业园区和农业示范园区建成投用，合作方式由传统设备供货、直接投资向“工程承包 + 融资 + 运营”等方式转型，合作领域由能源资源、生产制造向研发设计、品牌营销等价值链高端延伸，有力带动了成套装备技术出口和纺织、服装、轻工等优势传统行业产能在更大空间范围内的优化布局。郑州成功举办上合组织峰会，极大地提高了国际知名度和影响力。

(3) 完善口岸开放体系

河南省先后成功申建郑州新郑、南阳卧龙综合保税区和河南保税物流中心、河南德众物流中心、商丘保税物流中心，国际邮件经转口岸和汽车整车、肉类、水果、活牛、冰鲜水产品、食用水生动物等指定口岸建成投用。大通关信息平台上线运行，“秒通关”辐射带动效应初步显现，企业通关综合成本下降25%以上，省内企业报关回流和省外企业汇集河南省报关数量大幅增加。

参考文献

[1] 丁志伟. 中原经济区“三化”协调的状态评价与优化组织[D]. 开封：河南大学博士学位论文，2014.

[2] 丁志伟，王发曾. 中原经济区建设热点问题解读[M]. 北京：中国经济出版社，2016.

[3] 国务院. 国务院关于印发全国主体功能区规划的通知（国发[2010] 46号）[M]. 北京：人民出版社，2010.

[4] 国务院. 中华人民共和国国民经济和社会发展第十二个五年规划纲要[N]. 人民日报，2011-3-17（第01版）.

[5] 国务院. 中华人民共和国国民经济和社会发展第十三个五年规划纲要[N]. 人民日报，2011-3-17（第01版）.

[6] 国务院. 关于支持河南省加快建设中原经济区的指导意见[N]. 河南日报，2015-10-25（第01版）.

[7] 国务院办公厅. 国务院关于大力实施促进中部地区崛起战略的若干意见（国发[2012] 43号）[EB/OL]. http://www.gov.cn/zwgk/2012-08/31/content_2214579.htm，2012-08-31.

[8] 国家发展和改革委员会. 中原经济区规划（2012—2020）[N]. 河南日报，2012-12-3（第03版）.

[9] 国家发展和改革委员会. 中原城市群规划（2016—2020）

[N]. 大河报，2017 - 1 - 5（第01版）.

[10] 河南省人民政府中原经济区战略研究组. 中原经济区战略研究报告 [M]. 郑州：中原经济区战略课题组成果文件，2012.

[11] 河南省人民政府办公厅. 河南省人民政府关于印发河南省新型城镇化规划（2014—2020年）的通知（豫政 [2014] 55号）[EB/OL]. http：//www. henan. gov. cn/zwgk/system/2014/07/30/010487963. shtml，2014 - 07 - 03.

[12] 河南省人民政府办公厅. 河南省人民政府关于印发郑州现代综合交通枢纽发展规划（2014—2020年）的通知（豫政 [2014] 100号）[EB/OL]. http：//www. henan. gov. cn/zwgk/system/2015/02/15/010529553. shtml，2014 - 12 - 29.

[13] 河南省人民政府办公厅. 河南省人民政府关于深入推进新型城镇化建设的实施意见（豫政 [2016] 62号）[EB/OL]. http：//www. henan. gov. cn/zwgk/system/2016/11/04/010680266. shtml，2016 - 9 - 30.

[14] 河南省人民政府. 河南省国民经济和社会发展第十三个五年规划纲要 [N]. 河南日报，2016 - 5 - 18（第17 - 24版）.

[15] 河南省统计局，国家统计局河南省调查总队. 2014年河南统计年鉴 [M]. 北京：中国统计出版社.

[16] 河南日报. 省委省政府出台《关于全面深化农村改革加快推进农业现代化的实施意见》，我省将持续增强农业农村发展活力 [N]. 河南日报，2014 - 2 - 18（第01版）.

[17] 秦耀辰，苗长虹. 中原经济区科学发展研究 [M]. 北京：科学出版社，2011.

[18] 王发曾. 新型城镇化引领三化协调科学发展 [M]. 北京：人民出版社，2012.

[19] 王发曾. 中原经济区建设：省之大计，国之方略 [N]. 河南

日报，2012 -9 -26（第9版）.

［20］中共中央、国务院．关于促进中部地区崛起的若干意见［M］．中共中央、国务院政府文件（中发［2006］10号），2006.

［21］中共河南省委宣传部．解读中原经济区［M］．郑州：河南人民出版社，2011.

［22］中原经济区国土规划编制工作领导小组办公室．中原经济区国土规划2011—2030（河南部分）［M］．郑州：中原经济区国土规划编制工作办公室，2013.

第三章

郑州航空港经济综合实验区建设规划

一、规划背景

20世纪80年代以来，西方许多国家航空经济发展迅猛。据20世纪90年代国际机场协会研究调查数据显示，每年100万航空旅客运输量能够产生1.3亿美元的经济收益，并增加2500个就业岗位。基于机场对经济效益的推动和大量就业机会的提供，国际机场协会将机场喻为“国家和地区经济增长的发动机”。在经济全球化和世界城市化进程加速的背景下，一个国家的经济社会发展在很大程度上取决于区域经济对外开放的进程和水平。2015年3月28日，国务院授权发布的《推动共建丝绸之路经济带和21世纪海上丝绸之路的愿景与行动》中明确指出：支持西安、郑州等内陆城市建设航空港、国际陆港，加强内陆口岸与沿海、沿边口岸通关合作，深化与沿线国家的产业合作，进而加速推进中国内陆城市的对外开放程度。航空港作为高速交通体系中的重要组成部分，在推动城市经济发展，加强区域间的经济合作方面变得尤为重要。作为中国首个国家级航空港经济综合实验区，郑州航空港经济综合实验区肩负着“内陆开放高地”先行先试的重大责任。

（一）国家背景

在全球化时代下，区域竞争主要表现在城市间的竞争，作为配置资源和产业发展的平台，城市的竞争在很大程度上取决于城市吸引配置高端要素的能力和产业结构变动的情况。中国作为全球化中的一个链条，城市的发展对于提升中国综合实力和中国在全球化中的地位具有重大的意义。一般认为，中国公认的一线城市是北京、上海、广州、深圳这四个大都市，分别是以航空为依托的航空大都市（即以航空产业、高新技术产业和现代物流业为代表的北京顺义区航空港区，以航空工业服务带、城市型高科技产业区、农业生态平衡带、中高档居住区、航空城中心区和观光旅游区六大板块为代表的上海虹桥临空经济园区，以国际空港门户枢纽、国际空港创新实验区、高端产业基地和现代化空港都会区为代表的广州白云航空港区，以物流为主的深圳航空港区），这些航空大都市在中国的对外开放过程中起着重要的作用。尽管有武汉、成都等这些区域性的航空大都市，但偌大的中国足以能容纳更多的航空大都市来服务于其在全球化中所发挥的作用。郑州作为中国最为中心的地域、中国航空物流增速最快的地区、中部地区的国际物流航空中心，其航空大都市的发展有利于提升中国在国际中的地位。

国务院批复《郑州航空港经济综合试验区建设规划》，不仅对郑州、对河南有重大影响，更对整个国家的发展具有不可估量的作用。首先，郑州航空港经济综合试验区作为一个以航空经济为引领的国家新区，对河南省经济社会的发展具有引领和示范作用。其次，在“一带一路”建设的背景下郑州航空港经济综合实验区的建设可以拓展中国对外开放水平的空间，加深对外开放水平的深度，促进中国与“一带一路”沿线国家和地区的交流与合作，进而提升中国在区域乃至全球的国际地位。再次，郑州航空港经济综合试验区的建设为国家区域经济的协调发展和民航业的发展与空间布局具有重大的意义。然后，郑州航空港经济综合实验区的建设对郑州打造国际航空大都市、建设郑州大都市区提供了现实基础。最后，郑州航空港经济综合试验区的建设对中国产业结构的调整与升级及国家经济的建设和发展具有引领和示范作用。郑州航空港经济综合实验区发展规划的出台，意味着区域规划从陆地走向海洋，又从海洋走向空域，是我国第一个以航空港经济发展为主题的区域规划，紧扣航空经济发展主题，突出了实验和创新的功能，体现了中国发展规划的要求，更具有新的特色。

（二）区域背景

城镇化是引领中国经济发展的重要引擎，促进了由农村到城市的文明变革。通过城市的现代化建设和核心区的打造，吸引着各种文明在城市的中心城区汇聚、融合和提高，同时也能成长为区域的增长极，承载着集聚和辐射及内外联系的功能。然而，对于拥有 1 亿多人口的河南省而言，其城镇化发展可谓任重而道远，城镇化率基本上低于全国 10 个百分点。作为一个农业大省的河南，其城镇化水平是相对滞后的。工业化是城镇化的重要推动力，并主导着城镇化的发展方向。因此要想提高河南省的城镇化水平，就必须首先促进河南省工业化的发展，特别是其加工制造业和物流产业的发展。郑州有陆空衔接便利的航空港，有突出的区位优势，具备发展航空物流业和高端制造业的基础，具有物流业的综合交通枢纽优势。因而提出建设郑州航空港经济综合实验区的战略，不仅有利于打造现代化、立体式的国内综合交通枢纽，也打开了中原经济区建设的战略突破口。此外，通过郑州航空港经济综合试验区的建设，能够推动河南省制造业的升级，能够推动航空物流业的高端化发展，进而有利于构建河南产业新体系。

作为中原经济区的核心城市，郑州都市区的影响力和辐射带动能力有限，难以完全发挥中心带动战略的各种效应。而以实验区建设为主的航空枢纽和其相关的航空运输业、航空关联性产业、航空服务业的发展及深度调整，会形成新的业态。在郑州机场这些新的产业形态通过延伸面向周边区域的产业和服务链，进而形成航空港增长极，推动与郑州中心城区、郑东新区、开封城乡一体化示范区的联动发展，以附加值产品和服务并参与国际市场分工为特征，吸引航空运输业、高端制造业和现代服务业集聚发展而形成的航空经济形态，将成为提升河南省经济竞争力、实现跨越式发展的“新引擎”。

二、形成过程

（一）郑州航空港区应运而生

2007 年，河南首提民航优先战略，并作为一号工程重视。之后河南省提出“建设综合交通枢纽”，当时郑州北站（亚洲最大铁路编组站）和郑州国际机场的规划，将铁路从机场下穿过，该规划理念为全国首创，引起国家民航局的极大兴趣。2007 年 10 月，为加快郑州国际航空枢纽建设，河南省委、省政府批准设立郑州航空港区。

（二）郑州新郑保税区的设立

2010 年 8 月，随着富士康国际进驻郑州航空港区后所产生的连锁效应，以及郑州新郑综合保税区的获批和封港运营，一大批实力雄厚的世界知名企业纷纷抢滩郑州，郑州航空港区呈现出井喷式发展。2010 年 10 月 24 日，经国务院批准正式设立郑州新郑综合保税区。2011 年 4 月，根据中央编办批复精神，经河南省委、省政府批准设立郑州新郑综合保税区（郑州航空港区）管理委员会，为省政府派出机构。

（三）郑州新郑保税区的封关运行、乘势而上

2011 年 4 月，全国航空工作会议在贵阳召开。河南获悉中国民航布局进行战略调整的消息，要在内陆的中部地区选择一家机场，分担北

京、上海、广州三个机场剥离出的中转功能和门户机场的功能。在当时的工作会议上，来自中国民用航空局及北京航空航天大学等专家代表推介郑州。

2011 年 9 月 28 日，《国务院关于支持河南省加快中原经济区建设的指导意见》出台，标志着中原经济区建设正式上升为国家战略。在该意见中明确指出：推进郑州国内大型航空枢纽建设，加快建设郑州机场二期工程，积极引进和培育基地航空公司，增开连接国际大型枢纽机场的客货运航线，扩大航权开放范围，大力发展航空物流，把郑州机场建成重要的国内航线中转换乘和货运集散区域性中心。这为郑州建设国内大型航空港提供了政策支持，也为以后航空港区的大发展创造了条件。

2011 年 11 月，郑州新郑综合保税区正式封关运行。这让其成为后获批的郑州航空港经济综合实验区的重要组成部分，是国内少有的围绕机场建设的综合保税区。2012 年 9 月，郑州市跨境贸易电子商务服务试点项目启动，成为全国唯一一个利用综合保税监管场所进行试点的城市。到 2012 年底，郑州航空港区（行政规划区，并非 2013 年获批的郑州航空港经济综合实验区）实现地区生产总值 190.7 亿元，同比增长 77.6%，已经成为中原经济区最具活力的发展区域。截至 2012 年底，区内龙头企业富士康生产苹果手机 1.05 亿部，占全球苹果手机的 70%。已有 73 家富士康配套企业注册登记，上百家富士康协理厂商落户，并将带动 100 多个产业、400 多个配套企业入园。

（四）郑州航空港经济综合实验区的策动与谋划

2012 年 4 月，河南省委常委会讨论航空经济综合实验区，进一步提升了认识，决定向国务院申请设立。

2012 年 7 月 8 日，《国务院关于促进民航业发展的若干意见》出台，提出发展航空经济、建设若干示范区，为河南省的申报工作提供了强劲的动力。

2012 年 7 月，河南省联合国家民航局向国务院正式上报建设实验区的请示，同时 27 个省（区、市）的 51 个城市先后提出 54 个航空经济区的规划与设想，中部地区的武汉、西安也都在提出航空港经济实验区建设。

2012 年 9 月，国家发展改革委向国务院上报同意建设实验区的请示。2012 年 10 月，国务院批复同意规划建设航空实验区，要求国家发展改革委牵头编制规划。

2012 年 11 月 17 日，国务院批复《中原经济区规划》的同时，进一步支持规划建设实验区。意见中明确郑州建设国内大型航空枢纽，随即中国民航局又把郑州新郑国际机场确定为“十二五”期间中国综合交通枢纽建设试点。

（五）郑州航空港经济综合实验区的批复

2013 年 3 月 7 日，国务院正式批复了《郑州航空港经济综合实验区发展规划（2013—2025 年）》，标志着郑州航空港区成为首个上升为国家战略的航空港经济发展先行区。规划提出，郑州航空港经济综合实验区的战略定位为国际航空物流中心、以航空经济为引领的现代产业基地、内陆地区对外开放重要门户、现代航空都市、中原经济区核心增长极。

三、战略定位与发展目标

（一）战略定位

郑州航空港经济综合试验区自确立以来，得到了中央政府及河南省政府的高度重视和支持，先后出台了一系列政策措施来促进郑州航空港经济综合试验区的发展。《郑州航空港经济综合实验区发展规划（2013—2025 年）》中明确提出了郑州航空港经济综合试验区的战略定位：

国际航空物流中心。建设郑州国际航空货运机场，进一步发展连接世界重要枢纽机场和主要经济体的航空物流通道，完善陆空衔接的现代综合运输体系，提升货运中转和集疏能力，逐步发展成为全国重要的国际航空物流中心。

以航空经济为引领的现代产业基地。发挥航空运输的综合带动作用，强化创新驱动，吸引高端要素集聚，大力发展航空设备制造维修、航空物流等重点产业，培育壮大与航空关联的高端制造业和现代服务业，促进产业集群发展，形成全球生产和消费供应链的重要节点。

内陆地区对外开放重要门户。提升航空港开放门户功能，推进综合保税区、保税物流中心发展和陆空口岸建设，完善国际化营商环境，提升参与国际产业分工层次，构建开放型经济体系，建设富有活力的开放新高地。

现代航空都市。树立生态文明理念，坚持集约、智能、绿色、低碳发展，优化实验区空间布局，以航兴区、以区促航、产城融合，建设具有较高品位和国际化程度的城市综合服务区，形成空港、产业、居住、生态功能区共同支撑的航空都市。

中原经济区核心增长极。强化产业集聚和综合服务功能，增强综合实力，延伸面向周边区域的产业和服务链，推动与郑州中心城区、郑汴新区联动发展，建设成为中原经济区最具发展活力和增长潜力的区域。

（二）发展目标

按照整体规划、分步实施的原则，力争经过十多年的努力，使实验区建设取得显著成效。《郑州航空港经济综合实验区发展规划（2013—2025 年）》中明确提出了郑州航空港经济综合试验区的发展目标，即

到 2017 年，实验区基础设施、公共服务、产业体系初步形成，主要功能区开发建设初具规模，航空港经济发展初见成效。机场二期工程

建成使用，国际航空货运能力大幅提升，连接实验区内外的主要交通通道基本建成；航空设备制造维修、与航空关联的高端制造业和现代服务业快速发展，集聚一批具有国际竞争力的知名品牌和优势企业，航空港开放门户地位基本确立；市政基础设施和公共服务设施支撑有力，航空都市框架基本形成。

到2025年，建成富有生机活力、彰显竞争优势、具有国际影响力的实验区。国际航空货运集散中心地位显著提升，航空货邮吞吐量达到300万吨左右，跻身全国前列；形成创新驱动、高端引领、国际合作的产业发展格局，与航空关联的高端制造业主营业务收入超过10000亿元；建成现代化航空都市，营商环境与国际全面接轨，进出口总额达到2000亿美元，成为引领中原经济区发展、服务全国、连通世界的开放高地。

四、核心主题

（一）建设竞争力强的国际航空货运枢纽

1. 规划的主要内容

《郑州航空港经济综合实验区发展规划（2013—2025年）》在第二章明确指出，要按照“适度超前”的原则，推进大型航空枢纽建设，强化陆空交通衔接，构建设施先进、网络完善、支撑有力、运行高效的航空货运集疏系统。

具体内容包括以下三个方面的主要内容：

（1）提升郑州机场货运功能

建设机场货运枢纽。有序推进《郑州新郑国际机场总体规划（2009—2040）》实施，建成第二跑道、第二航站楼，适时研究建设货运专用跑道、第三航站楼；建成郑州机场综合交通中心，实现客运零距离换乘。加快航空货运仓储设施建设，完善快件集中监管中心、海关监管仓库等设施，全面提升郑州机场航空货运保障能力。强化与国内外大型枢纽机场的合作，发展货运中转、集散业务。

拓展优化航线网络。以连通国际枢纽机场为重点，开辟航线、加密航班，打造轮辐式航线网络，积极发展全货机航班，构建联系全球的空中通道。美洲方向，以安克雷奇、芝加哥、洛杉矶等枢纽机场为主要通航点，辐射美洲各主要机场。欧洲方向，以莫斯科、阿姆斯特丹、法兰克福等枢纽机场为主要通航点，辐射欧洲各主要机场。亚洲方向，以中国香港、迪拜、东京等枢纽机场为主要通航点，辐射亚洲、串飞其他机场。大洋洲方向，以悉尼、墨尔本机场为主要通航点，辐射大洋洲大陆。非洲方向，以迪拜机场为中转点，连接非洲主要机场。完善国内航线网络，提高与国内枢纽机场和支线机场的通达性，发展联程联运，实现高效集疏。

发展壮大航空货运货代企业。做大做强现有基地航空公司，培育发展地方航空公司。支持国内外大型航空公司、快递物流企业在郑州机场设立基地、增加运力，建设区域运营中心和快件处理中心。推动航空货运服务代理企业集聚发展，与航空公司、重点客户加强合作，培育一批服务网络覆盖全国乃至全球的骨干企业，拓展航空货运上下游市场。

提升机场服务水平。运用先进经营理念、管理方式和信息技术，优化流程设计，完善服务体系，缩短客货进出港时间，提高客货运中转效率，建立航班延误预警和应急机制，提升服务质量，建成国际一流、国内领先的航空服务保障体系。

（2）完善陆路交通运输体系

加快推进连通外部的公路、铁路建设，构建以空港为中心的放射状陆路交通网络。建成登封至商丘、机场至周口等地方高速公路，与京港澳高速、机场高速和郑（州）民（权）高速共同构成“三纵两横”高速公路网。升级改造 G107 相关路段和 S102、S223、S221 线，形成“五纵六横”干线公路网。建成郑州东站至郑州机场至许昌、郑州机场至登封至洛阳、郑州至焦作、郑州至开封等城际铁路。加快建设以郑州为中心的“米”字形铁路网，更好地服务于航空港发展。

(3) 发展多式联运

加快陆空联运体系建设，形成航空、公路、铁路高效衔接、互动发展的联运格局。推动建设一批布局合理、功能完备、集疏便捷的综合性场站和设施，提高转运综合服务能力。大力发展卡车航班，建设区域性卡车转运中心，打造航空货物“门到门”快速运输系统。建设完善高铁货运基础设施，积极发展高铁快递业务。加强空陆联运设施建设，发挥海关特殊监管区域货物集拼、转运功能。推动郑州机场与郑州高铁客运枢纽站紧密对接，大力发展空铁联运，逐步发展成为全国重要的客运中转换乘中心。

2. 建设竞争力强的国际航空货运枢纽的规划内涵与战略意义

(1) 提升郑州机场货运功能的规划内涵与战略意义

郑州机场地处我国中原地区，属于内陆经济欠发达地区，属于经济欠发达地区，民航货运发展滞后，相较于北京、上海、广州等城市发展远远落后。因此，采用多方措施提升郑州的货运功能，提升郑州机场在中部地区乃至全国的货运地位，对于发挥郑州的区位优势和综合交通优势意义重大。基于此，借力郑州航空港经济实验区的规划建设，推进郑州机场的跑道、航站楼、物流通道、仓储设施等机场货场设施的建设，不仅有利于郑州机场本身货运实力的提升，也有利于强化与国内外大型枢纽机场的货运合作。在提升郑州机场货运基础设施建设的同时，以连接国际枢纽机场和国内重点机场为合作对象，拓展和优化物流航空线路，能进一步提升郑州机场的货运综合实力和综合交通优势。如规划所述，在配套物流货运建设方面，完善快件集中监管、海关监管等设施的建设，可进一步提升郑州机场的货运保障能力，也能为开展货物中转、集散业务提供支撑。

当前机场货运竞争力除了基础设施建设、规模水平的比较，更大一部分是来自于机场服务水平的竞争。因此，提升郑州机场的管理水平和服务质量，对提升郑州机场的综合货运竞争力意义重大。如规划所述，一方面要运用先进的理念、管理方式和信息技术，优化管理的程序设计和技术支撑，健全机场的服务体系，从而为提升机场的货运时间安排和中转效率提供保障；另一方面，要健全航班延误和各种突发状况的预警和应急机制，减少特殊事件对机场货运的影响，从而进一步保障航空服务质量。

（2）完善陆路交通运输体系的规划内涵与规划意义

郑州航空港货运通道的建设，一方面要进一步拓展与优化航空港内部物流通道的建设，提升实验区内部交通的畅通效率；另一方面要加强中原地区各市到郑州航空港物流通道的建设，形成高效的“由外入内”的货运通道。郑州航空港在空间位置上处于河南省的中心或者说接近中心的位置，因此须推动外部交通通道从四面八方向中心的畅通，形成以空港为中心的放射状陆路交通网络体系。陆路交通主要包括两个方面，一个是公路交通，一个是铁路交通。在公路交通方面，高速公路是货运物流传输的重要保障，因此加快高速公路建设是各个港区发展货运物流的必然选择。从与郑州机场已有的高速连接看，京港澳、郑民、机场高速是通往机场的三大通道，在河南省境内的国家高速公路和河南省自己建设的高速公路大部分都可以连接到这三个通道。虽然河南省的高速公路通车里程在全国名列前茅，但从航空货运业的发展趋势可知，从中原地区四周到郑州机场货运时间的缩短仍有很大的提升空间，因此高速公路建设仍须进一步增强。规划指出，建成登封至商丘、机场至周口等地方高速公路，与京港澳、机场、郑民高速形成“三纵两横”高速公路网，是符合河南省航空物流通道建设的客观实际和发展趋势的。连接机场的国道和省道是保障航空货运物流传送的重要支撑，因此，改造升级与之相连的国道、省道，在陆路交通方面与高速公路一起支撑“由外入内”的货运通道显得非常重要。规划指出升级改造 G107 相关路段和

S102、S223、S221线，形成“五纵六横”干线公路网，就是基于这样的考虑。在铁路交通方面，河南省推进郑州市相邻城市到郑州的城际铁路建设，都将郑州机场作为重要的一站，在很大程度上都是为机场客货运服务的，为周边城市在郑州的航空货运高效连接提供保障。近期，在已有京广高铁、郑西高铁、郑徐高铁的基础上，河南省提出郑州至济南、郑州至太原、郑州至重庆、郑州至合肥的“米”字形高铁建设规划，不仅有利于提升从河南省之外城市到郑州的畅通度，而且有利于凸显郑州航空港在全国的货运枢纽优势。

(3) 发展多式联运的规划内涵与规划意义

伴随着信息技术的普及利用以及经济全球化进程的加快，运输业进入了物流时代。现代物流不但把各种运输方式予以有机结合，而且将生产、销售等诸环节也合而为一，成为一种高度综合的现代化生产与运输方式。其中多式联运对于提高运输效率，减少货损货差、降低物流成本有非常重要的作用。因此实验区要加快陆空联运的物流体系建设，形成航空、公路、铁路高效衔接、互动发展的联运格局。目前，郑州航空港实验区虽然规划了与公路、铁路、地铁等衔接的设施，但是缺乏集成公路、铁路、地铁的现代化综合客运枢纽和物流园区，基础实施衔接还未实现客运的“零换乘”和货运物流的“无缝衔接”。在信息传送方面，郑州机场尚存在信息系统不完善的问题，出现了部门之间、各运输环节之间信息传递不及时的问题。除此之外，还有其他基础设施建设方面的问题，基于此，规划指出要建设综合性场站和设施、建设高铁货运基础设施、加强空陆联运设施建设等。

（二）建设高端航空港经济产业体系

1. 规划的主要内容

《郑州航空港经济综合实验区发展规划（2013—2025年）》（以下简称《规划》）在第三章明确指出，要依托航空货运网络，加强与原材料供应商、生产商、分销商、需求商的协同合作，充分利用全球资源和国际国内两个市场，形成特色优势产业的生产供应链和消费供应链，带动高端制造业、现代服务业集聚发展，构建以航空物流为基础、航空关联产业为支撑的航空港经济产业体系。具体内容如下：

（1）航空物流

特色产品物流。发挥产业基础和区域市场优势，大力发展电子信息、食品、药品、时装、花卉等特色产品物流，建设全球重要的产品交易展示中心和国内进出口货物集散中心。按照国家相关规定，研究设立特种商品指定入境口岸，增加进口货源，促进航空货运进出口双向均衡发展。整合应急物流资源，建设应急物资保障基地。

航空快递物流。推动快递龙头企业建设区域快递物流基地，构建规模化、网络化航空快递服务体系，建设全国重要的航空快递转运中心，实现国际快递 72 小时和国内快递 24 小时送达。推动快递与电子商务、供应链管理等新兴业务的融合发展，鼓励快递企业进入制造业供应链服务领域。

国际中转物流。加强与国外枢纽机场口岸合作，建设空空联运体系，实现航运信息共享。建设国际中转货物监管设施，规范和简化转关手续，降低中转成本。支持境外航空公司、货代企业以郑州机场为基地，发展国际中转业务，建设国际航空货运枢纽。

航空物流配套服务。推进航空物流园建设，完善分拨转运、仓储配送、交易展示、加工、信息服务、研发设计等功能。积极引进国际知名商务服务企业设立机构、拓展业务，支持发展报关清关、金融保险、咨询评估、投资运营管理等商务服务，培育商贸功能区。建立公共信息平台，为供应链成员企业提供即时服务。建立航空保税燃油基地，增强保税油价格和服务竞争力。

（2）高端制造业

航空设备制造及维修。积极引进国内外航空制造维修企业，引导本地装备制造和电子电气企业向航空制造领域拓展，重点发展机载设备加工、航空电子仪器、机场专用设备以及航空设备维修等产业，建设国内重要的航空航材制造维修基地。

电子信息。发挥龙头企业的带动作用，加强与全球领先的设计、研发及代工企业合作，吸引配套企业入驻，加快推进智能手机制造和电子部件全球采购、国际分拨中心建设，形成全球重要的智能手机生产基地。积极参与全球电子产品供应链的整合进程，重点发展智能终端、新型显示、计算机及网络设备、云计算、物联网、高端软件等新一代信息技术产业，打造国际电子信息产业基地。

生物医药。承接国内外行业龙头企业，加快建设郑州生物国家高技术产业基地，重点发展附加值、技术含量较高的生物技术药物、现代中药、化学创新药产业，积极引进高端医疗设备、新型医疗器械等生物医学工程技术和产品，形成全国重要的生物医药产业基地。

其他制造业。有重点地发展为航空制造业配套的新型合金材料、复合功能材料，建设以柔性化、智能化、轻型化为重点的精密机械产品生产基地，规模化发展珠宝饰品、高档服装、工艺美术制品等终端、高端产品。推动周边地区积极发展汽车电子、冷鲜食品、鲜花等产业。

（3）现代服务业

专业会展。以专业化、品牌化、国际化为方向，高标准建设会展基础设施，加强与跨国制造商、贸易商和会展商的战略合作，创造条件积极筹办全球性的航材设备、机场装备、航空技术、通用航空等航空展会暨论坛，积极承办国际知名的电子信息、精密机械、高档服装等品牌产品发布会、博览会和展销会，打造具有国际影响力的高端航空及关联产业展会品牌。

电子商务。开展跨境贸易电子商务综合改革试点，在进出口通关服务、结售汇等方面先行先试，加强与国内外知名电商的战略合作，搭建安全便捷的商业交易应用服务平台，建设全国重要的电子商务中心，研究探索建设跨境网购物品集散分拨中心。以电子商务推动传统商业模式创新，实现实体购销渠道和网络购销渠道互动发展，推动名牌名店商业街区建设。条件成熟时，在郑州机场扩大出境免税店。

航空金融。重点发展与航空港经济密切相关的金融租赁、离岸结算、航运保险、贸易融资等业务。引进和培育一批规模大、影响力强的租赁企业，发展飞机和大型设备租赁业务。吸引跨国公司设立财务中心、结算中心，开展离岸结算等业务。支持金融机构围绕贸易融资需求开展金融创新，发展供应链融资和进出口贸易融资，拓展航空运输保险业务。

服务外包。根据国家产业布局和地区资源禀赋，积极发展航空物流信息服务、智能通信软件开发、生物医药研发、航空人才培训、航空商务咨询和认证评估等服务外包及相关服务业，培育国际知名的服务外包自主品牌，打造具有地区产业特色的服务外包基地。

（4）建设产业创新中心

构建开放融合的创新平台，组建产业技术创新战略联盟，加快突破产业核心关键技术。在航空航材制造、智能终端、精密机械、生物医药、信息服务等领域，引进核心技术创新团队，集聚高端人才，打造高水平技术研发队伍，设立高端制造业研发中心或研发总部，形成特色产业技术创新中心。加强产学研合作，集中力量开展重点领域关键共性技术攻关，推动重大科技成果转化。

2. 建设郑州航空港经济产业体系的规划内涵与规划意义

（1）发展航空物流的规划内涵与战略意义

航空物流是依托机场、以货物运输、装卸搬运和储存中转为主要功能，实现货物运输、装卸搬运、配送等多功能、一体化的综合性服务，是现代物流的重要组成部分。航空物流的高速而安全，大大迎合了速度经济的需求，成为区域经济持续增长的重要推动力量。正是由于航空物流具有运输速度快、区域跨度大、加快要素流动、带动高新产业和相关服务业、拉动就业、节约供应链总成本等重要作用，因此航空物流业成为主要发达国家重点发展的战略产业。郑州地处我国的核心战略腹地，是中原经济区的核心城市，在区位上、综合交通上具有得天独厚的优势。一方面，郑州是我国铁路线上的双十字交汇点，以新郑机场为中心，一个半小时的航程可以覆盖全国3/5 的人口和2/3 的主要城市；另一方面，郑州地处内陆空域条件好，可以方便地接入主要航线，衔接东西南北，开展联程联运，能够辐射到京津冀、长三角和珠三角等主要经济区，航空运输优势明显。目前，郑州机场的航空物流服务种类还不完善，无法满足市场的很多需求，例如，货物品种细分不完全和航空物流服务品类单一等。因此《规划》提出要发展特色产品物流、航空快递物流、国际中转物流，增加物流种类，完善实验区的物流体系，加快航空物流业发展。目前郑州机场的航空物流配套服务欠缺，不能满足其以后建设国家物流中心或者说示范区的需要。因此，《规划》提出要推进航空物流园建设，促进高科技产业链的形成。只有航空物流园区实现高效运作，才能够吸引国际知名物流企业和航空物流企业入驻，形成航空物流枢纽港，才能够吸引越来越多的高科技产业入驻，真正实现临空经济的大发展，为航空物流发展创造拉动效应，形成良性循环局面，从而极大地促进城市经济的高速发展。

（2）发展高端制造业的规划内涵与规划意义

近年来，河南省经济社会发展持续向好，已经由农业大省逐步向新兴工业大省、强省转变，但是传统产业中高耗能、高污染等发展方式并未转变。目前，工业运行中的关键问题就是，如何创造新的技术型高端产能，如何改造现有落后产能，如何抢占行业发展的制高点。高端制造业具有技术含量高、资本投入高、附加值高、信息密集度高，以及产业控制力较高、带动力较强的特点，是以后产业进行升级的首选。郑州航空港经济综合实验区作为引领高地，发展高端制造业，对于引领河南省制造业的改造升级意义重大，有利于河南省提升整体的科技竞争力。因此在《规划》中提出了发展高端制造业，并且重点规划建设了与航空相关的战略性新兴产业，这对于提升河南省战略性新兴产业的发展水平有重要意义。

国内外航空公司的航线一直在不断增长，飞机保有量也在随之增长，飞机的维修产业也随之不断成长壮大。郑州航空港区处于我国航线的中心位置，离周边大中型城市比较近，因而具有区域优势可方便其他机场的飞机来豫维修。一个成功的大型航空港区，加上拥有比较发达的航空维修产业，将更有利于支撑整个航空枢纽的正常运转。因此，郑州机场的建设，要以实验区建设为契机，在发展航空物流的同时积极引进国内外航空制造维修企业，建设国内重要的航空航材制造维修基地，这对于提升郑州机场的航空物流地位意义重大。电子信息高端制造业是当今国家经济发展的重要组成部分，对促进河南省新型城镇化引领“三化”协调发展、“四化”同步发展意义重大。因此，要提升信息化对现代化建设的支撑力度，必须要勇于抢抓新一代信息技术产业发展的机遇，要积极发展电子信息产业。因此接下来要以示范区已有的龙头企业为支撑和吸引，积极与国内外信息产业的领军企业沟通，推进智能手机产业基地在实验区的建设，使其成为全球重要的智能手机生产基地。同时，随着大数据时代的到来，要积极发展大数据平台服务企业的发展，与阿里巴巴、腾讯、京东等互联网服务企业合作，打造辐射中原地区的云计算、大数据分析服务中心。

生物医药产业与生命的健康息息相关，是公认的“永不衰落的朝阳产业”，被许多国家和地区列为重点发展的产业，是战略性新型产业最有发展前景的产业之一。生物医药产品的附加值高、重量低、体积小，非常适合航空运输，加上有良好的交通、区位优势，在航空港发展生物医药产业，将能有效降低企业的物流成本，缩短物流时间，大枢纽将会推动大产业的发展。因此《规划》指出要加快建设郑州生物国家高技术产业基地，充分发挥河南省的市场和资源优势，承接国内外行业龙头企业，积极引进高端医疗设备，重点发展生物技术药物、现代中药、化学创新药产业等，这些有利于实验区形成全国重要的生物医药产业基地，构建具有国内先进水平的现代生物产业体系。

(3) 发展现代服务业的规划内涵与战略意义

现代服务业的发达程度是衡量经济、社会现代化水平的重要标志，也对临空经济发展具有重要的支撑作用。发展现代服务业如专业会展业、电子商务业、航空金融业、服务外包等，能推动实验区高端制造业技术水准和附加值的不断提高，为建立现代产业基地提供低成本支撑。同时，现代服务业的发展将能有效地扩展航空港经济开放性的优势，为扩大区域对外开放，构筑航空大都市拓宽多元化发展空间，从而为提升航空港作为运输枢纽的地位打下基础。因此，高水平的现代服务业被看作是实现航空港经济发展战略目标的基础保障。

会展业就是通过举办各种形式的展览会、博览会和会议，传递信息、提供服务、创造商机，并带动被展出的行业和会展自身相关行业发展的一种经济模式。会展业的发展不仅能够创造巨大的经济效益，带动相关产业的发展，同时更是地区对外形象的展示。郑州与国际性的会展中心相比仍有一定的差距，因此《规划》指出一方面要以专业化、品牌化、国际化为方向，高标准建设会展基础设施；另一方面，要加强与跨国制造商、贸易商和会展商的战略合作。同时结合实验区产业发展战略和郑州自身优势，《规划》提出要积极承办航空及关联产业、电子信息、精密机械、服装、食品等产品博览会和展销会，引进国内外专业巡回展和大型综合展，扶持重点展会和重点企业，打造具有国际影响力的高端会展品牌。

进入互联网时代，应顺应服务业发展大趋势，紧紧抓住智能化、网络化、商业模式变化带来的机遇，加快发展信息传输、计算机服务和软件业，大力发展电子商务，打造多方企业集聚发展的良好态势。因此，郑州机场应利用航空港保税区的保税优势，开展跨境贸易电子商务综合改革试点，打造跨境进出口电子商务平台，建设跨境贸易电子商务通关服务平台，在电商、物流、海关等部门之间建立起数据交换平台。

服务外包是商务与信息服务业的重要领域之一，主要是指企业将信息服务和商业流程等业务外包给企业外的第三方服务提供者，以降低成本与提升竞争力。实验区要融入“一带一路”以及实行全方位对外开放等战略，实验区企业须进一步开拓海外市场，加快发展国际贸易，积极承接国际服务外包业务。如《规划》所述，实验区要发展航空物流信息服务、智能通信软件开发、生物医药研发、航空人才培训、航空商务咨询和认证评估等服务外包产业，加快构建共享型服务平台和服务载体，积极培育国际知名的服务外包自主品牌，打造全国重要的服务外包基地。

（4）建设产业创新中心的规划内涵与规划意义

实验区产业的发展离不开科技创新，因此实验区提出建设产业创新中心的发展目标。实验区目前有基础设施不完善、人才短缺特别是实验区缺少专业型、技能型人才以及创新能力不足等问题，建设产业创新中心能有效地吸引科技人才。因此《规划》指出要构建开放融合的创新平台，突破掌握产业核心技术；在实验区的航空制造、电子信息、生物医药等重要产业引进核心技术团队和人才，打造属于自己的技术研发队伍，形成特色产业创新中心；加强产学研合作，对重点领域的核心技术进行攻关。

（三）建设绿色智慧航空都市

1.《规划》的主要内容

《郑州航空港经济综合实验区发展规划（2013—2025 年）》在第四章明确指出，要借鉴国际经验，规划建设城市综合服务区，为空港、产业发展提供服务支撑，打造畅通高效的交通网络、绿色宜居的生活环境、集约有序的城市空间，建设现代产城融合发展示范区。

(1) 建设高水平城市综合服务区

坚持高起点规划、高标准建设，集约高效利用土地，加大自然生态系统和环境保护力度，完善城市基础设施和公共服务，塑造宜居宜业的发展环境，促进人口集聚。加快高端商务商贸区建设，提升航空金融、商务商贸、中介服务、文化创意等综合服务功能。发展总部经济，吸引国内外航空公司、货运货代、制造和服务企业入驻，设立企业区域总部和研发、采购、结算、营销服务中心。依托区域良好生态系统，规划建设一批传统文化与现代文明相得益彰的城市社区，提高城市品位。加强信息基础设施建设，充分利用国家公共网络资源，推进无线网络覆盖。实施信息惠民工程，构建智慧管理、智慧健康、智慧社区、智慧教育等信息应用系统。推进电子政务建设，完善“网上一站式”行政审批。推进军民融合物联网应用示范。

(2) 推进现代化基础设施建设

内部交通网络。以机场为中心，加快推进实验区内部路网建设，努力构筑与功能和空间布局相协调的交通体系。建设环机场快速路，构建与外部衔接的放射状快速通道，形成“环路+放射线”为骨架的快速路网，实现物流、人流的高效集疏。完善环机场快速路与北部城市综合服务区、南部高端制造业集聚区的路网连通，加快推进各功能区内部主干道、次干道、支路网建设，提高路网密度。统筹规划区域内部各种轨道交通方式。大力发展城市公交，推广使用新能源汽车。加强基础信息、安全应急、综合运输管理与协调系统建设，建立新一代智能交通管理与服务体系，促进城市交通、民航、铁路等部门之间的协调联动。

市政公用设施。加快供水、供电、防灾减灾设施建设，构建功能完善、保障有力、安全可靠的市政设施体系。加快南水北调受水设施、水厂及管网建设，规划建设应急备用水源，提高供水保障能力。适度超前建设电网、变电站，构建安全可靠的电力供应体系。积极推进燃气输配系统和供热、供暖管网建设。统一规划建设管理地下综合管廊，推进电力、电信、有线电视电缆入地，形成无管线城市天空。加强灾害风险管理，加快建立与经济社会发展相适应的综合防灾减灾体系。

公共服务设施。健全基本公共服务体系，着力发展高品质教育、医疗、文化、就业、社会保障等公共服务，完善城市生活服务功能。科学布局中小学、幼儿园，加快发展现代职业教育，建设职业教育实训基地。引进国内外优质医疗、教育资源，建设先进的医疗卫生服务机构、教育中心，发展健康产业，满足居民与外来人士多层次、多样化的需求。规划建设一批设施先进的文化体育基础设施，完善公共就业服务体系。

（3）加强生态建设和环境保护

坚持生态优先。建设南水北调干渠和新107国道沿线生态廊道景观带，加快绿道建设，优化绿地布局，构建区域绿网系统。实施区内河道治理，合理规划城市水系景观，形成生态水系环境。加强南水北调干渠、森林公园、苑陵故城等生态敏感地带保护，严格控制开发边界，严格保护生态走廊，严禁开展不符合功能定位的开发活动。实行最严格的水资源管理制度，合理利用地表水和地下水，积极利用区外水源，实现多水源的合理配置和高效利用。

强化环境保护。加强区域环境影响评价，严格控制主要污染物排放总量。严格建设项目环境准入，发展循环经济，推进清洁生产，降低排污强度，加大环境风险管控监管力度。推进区域内建立环境质量和重点污染源自动监测系统。加快污水处理等基础设施建设，提高中水回用率。加强大气污染综合防治和噪声管制，实行煤炭消费总量控制，积极开发利用地热能、太阳能、天然气等清洁能源，改善区域大气环境质量。强化工业固体废物和生活垃圾无害化处理设施及收运体系建设，推广垃圾分类收集处理。加强地下水污染防治，加强环境风险防范和应急处置。

2. 建设绿色智慧航空都市的规划内涵与战略意义

建设绿色智慧航空都市是郑州航空港经济综合实验区的五大定位之一，因此都市建设应以绿色化、智慧宜居理念为引领，以建设资源节约、环境友好、经济高效、充满活力的宜居宜业的绿色城市为目标，把绿色化发展理念贯穿于航空都市区建设的方方面面和城市规划、建设与管理的全过程。加强航空港都市区生态建设与环境保护，对于构建资源节约环境友好的产业体系，建立健全促进绿色发展、循环发展、低碳发展的体制机制，全面推进智慧宜居航空都市区建设意义重大。

(1) 建设高水平城市综合服务区的规划内涵与战略意义

绿色城市要求有一个紧凑型的城市形态，其中重要的一点就是土地多功能利用和生态绿地系统的构建。因此《规划》指出要坚持高起点规划、高标准建设，集约高效利用土地，加大自然生态系统和环境保护力度，完善城市基础设施和公共服务，塑造宜居宜业的发展环境，促进人口集聚。服务业是“无烟工业”，具有资源消耗低、环境污染小、附加值高、就业容量大等优势，因此服务业比重是衡量绿色城市的重要指标。根据郑州航空港经济综合实验区的定位和绿色发展目标，必须把发展现代服务业为主导的绿色经济作为郑州航空都市区可持续发展的重要支撑。基于此，《规划》指出加快高端商务商贸区建设和发展总部经济等现代服务业，就是对航空都市区建设重要的支撑。智慧城市与绿色城市有着密切的内在关联，包括物联网、互联网、云计算等在内的现代信息网络技术，对智慧城市和绿色城市的建设都非常重要。建设智慧城市，就是要充分利用信息数据技术、互联网技术，提高城市管理的信息化水平，就是要把这些技术作为推进建设节约资源、保护环境、建设绿色航空都市的重要支撑。因此，在智慧绿色航空都市基础过程中，要高度重视“绿色城市”与“智慧城市”的融合和联动发展，推动经济社会各领域信息化、绿色化。

（2）推进现代化基础设施建设的规划内涵与战略意义

当今社会，为了满足人民不断增长的居住需求，城镇化的不断推进和社会经济现代化以及社会经济活动的正常运行，基础设施建设显得尤为需要。实验区为了吸引人才、留住人才、满足当地居民的生活需求，要加快推进现代化基础设施建设。从目前的情况看，虽然实验区在城市基础设施建设方面下了很大的功夫，如征地、城中村搬迁改造、道路、桥梁建设、供水、供电、居住等方面，但从整体而言，郑航经济实验区的基础设施建设仍须进一步加强。针对这一现状，《规划》提出加快推进内部交通网络建设、构建功能完善的市政设施体系以及健全基本公共服务体系。郑州航空经济试验区是要以郑州机场为中心来发展的，而郑州机场在2020年前的规划是年吞吐客流量2900万，加上试验区的400万常住居民及不确定的流动人口及务工人员，因此加快建设内部交通建设解决“人”的流动尤为重要。因此，《规划》提出要在以机场为中心的同时，建设环机场快速路以及完善环机场快速路与北部城市综合服务区、南部高端制造业集聚区的路网连通。《规划》同样提出优先发展城市公共交通、实施公交优先的建设原则，这是提高交通资源利用效率，缓解交通拥堵的有效手段，也是改善人居环境，建设绿色航空都市的内在要求。针对绿色城市这一定位，指出要大力发展城市公交，推广使用新能源汽车，这也是对智慧绿色都市区建设的重要支撑。

都市区基础设施建设水平是都市区经济发展的直接体现，而都市区公共设施的建设则是都市区社会发展水平的重要衡量标准。除基础设施建设初见成效外，当前实验区的市政公用设施建设并不健全，满足居民生活必备的医疗、卫生、教育、科研、娱乐等公共设施缺失还很多。在此基础上，《规划》提出要加快供水、供电、防灾减灾设施建设，构建功能完善、保障有力、安全可靠的市政设施体系。加快南水北调供水设施、水厂及管网建设和电网建设等。为了解决公共服务设施供给不足的矛盾，《规划》指出要健全基本公共服务体系，着力发展高品质教育、医疗、文化、就业、社会保障等公共服务，完善城市生活服务功能。满足实验区常住居民及流动人口的需求，吸引人口聚集、带动周边发展。

（3）加强生态建设和环境保护的规划内涵与战略意义

“绿色”是郑州航空港实验区的一个定位，为此，港区不断营造绿色生态系统和营建都市区绿色开放空间。自2014年起，郑州航空港实验区投入30多亿元用于生态建设，建设4个带状公园、10个点状公园及12条主干道路生态廊道等，总绿化面积约1330万平方米。这些措施都是为了更好地提高生态环境，基于此，《规划》也进一步提出要建设南水北调干渠和新107国道沿线生态廊道景观带，实施区内河道治理，合理利用地表水和地下水等。随着这些生态措施的稳步推进，都市区生态景观的逐渐形成，生态效益和生态服务质量不断提升，有力地支撑了航空都市区的智慧宜居发展。

实验区经过几年的发展，其建设进入快速发展时期。但同时一个不容忽视的问题也随之而来，那就是如何处理好发展速度与生态保护共生及协调发展的问题。特别是大量企业入驻郑州航空港区，各种重型机械和大量建设者进入各产业园区，还有部分大型企业已经投入生产，所产生的诸如噪声、废气、废水、垃圾等都需要妥善处理，以免对环境和居民造成不利影响。《规划》对于这些不利影响提出了要严格控制主要污染物排放总量；对于进入实验区的企业要进行严格的筛选避免高污染、高耗能企业的入驻，积极引入发展循环经济、清洁生产的企业；对水污染、大气污染、噪声污染要有相应的对策实施，治理这些污染，改善区域整体环境水平。

（四）建设内陆开放型航空港区

1.《规划》的主要内容

《郑州航空港经济综合实验区发展规划（2013—2025年）》在第五章明确指出，要提升开放门户功能，发挥生产供应链和消费供应链的服务带动作用，为内陆地区利用全球资源和国际市场提供平台，促进区域联动互动发展，构筑中西部地区对外开放新优势。具体内容包括以下方面：

（1）提升开放平台服务功能

整合发展海关特殊监管区域。完善郑州新郑综合保税区物流、仓储、研发、展示等功能，推动国际中转、配送、采购、转口贸易和出口加工等业务发展，建成二期工程，在符合相关审批条件的前提下适时扩区。推进保税物流中心二期等建设。在条件成熟时，按现有程序上报国务院申请海关特殊监管区域扩区事宜。

加快口岸建设。完善航空口岸功能，建设内陆地区口岸后续监管场所，加大货站、堆场、仓储、口岸联检等基础设施的投入力度，提高口岸信息化、机械化管理和作业水平。

促进通关便利化。加快电子口岸平台建设，促进进出口货物通关无纸化改革。实行海关、商检、边检联动服务和 24 小时预约通关、预约查验。加快推进口岸与海关特殊监管区的“区港联动”“区区联动”，积极推动“一次申报、一次查验、一次放行”的关检合作试点工作。加强与沿海及边境口岸合作，建立完善通关联络协调机制，构建互联互通、高效运转的对外开放通道。

（2）构建国际化营商环境

在企业注册登记、融资、跨境交易、投资者保护、履约、结算等方面，加强与国际规则和国际惯例接轨。提高贸易仲裁专业水平和国际化程度，健全商事纠纷非诉讼解决机制。全面推行客商投资代办制，设立投资便利化的集中办公场所，方便企业办理通关申报、税务、外汇、金融、货代等业务。设立营商服务专职机构，与企业、商会、行业协会建立沟通互动机制。引进国际专业服务机构，为各类企业提供法律、会计、贸易、通关、支付等优质服务。积极研究为外国人在郑州机场口岸入境提供便利政策。

(3) 创新对外开放体制机制

推进民航管理先行先试。加大实验区民航业对外开放力度，鼓励外资进入民航业。对涉及郑州的航权开放予以积极考虑，优先考虑开放第五航权，适时研究开放第七航权的可能性，鼓励中外航空公司经营往返郑州的国际客货运航线。对进驻实验区的中外航空公司在航线经营权、航班时刻等方面给予支持。建立完善低空空域运行管理和服务保障体系，支持发展通用航空。

创新海关监管模式。支持实验区开展海关监管制度创新，促进航空物流和加工贸易发展。推动郑州现有海关特殊监管区域的功能创新和多元化发展，探索建立具有中国特色、借鉴国际自由贸易园区良好实践经验的海关特殊监管区域。

(4) 带动中原经济区开放发展

提升郑汴一体化发展水平。发挥交通、产业和开放优势，强化支撑引领作用，推进与郑东新区、中心城区的联动发展，形成现代化城市功能组团，提升郑州区域性中心城市地位。把实验区建设成为郑汴新区的核心区域，增强开放带动作用，推动交通一体、产业链接、服务共享、生态共建，加快郑汴一体化发展。

增强中原经济区发展活力。发挥对外开放门户功能，增强承接高水平产业转移能力，带动中原经济区加快构建开放型经济体系。建立健全多层次合作机制，推动与周边区域共建产业园区、物流基地等。完善综合服务功能，打造中原经济区参与全球投资贸易、文化旅游、航空经济等领域合作的重要平台。

强化与其他区域的合作交流。加强与长江中游、成渝、关中—天水等地区的联动发展，完善陆空集疏运网络，打通中西部国际货运通道。推动与京津冀、长三角、珠三角等经济区的合作交流，实现更大范围、更广领域、更高层次的产业协同、资源配置和市场拓展，促进合作共赢。

2. 建设内陆开放型航空港区的规划内涵与战略意义

中原地区不沿边、不沿海，天然的地缘劣势使得其出口产品在国际市场上缺乏竞争力，这已成为制约内陆地区开放型经济发展的瓶颈。航空港经济是依托民航业发展的航空经济形态，利用航空这一快捷的运输方式，迅速将要素集聚与分散，成为内陆地区开放型经济发展的一个新模式，对于破解内陆地区开放难题有重要的意义。

（1）提升开放平台服务功能的规划内涵与规划意义

作为建设国家中心城市的郑州，要充分利用好航空港经济综合实验区这一优势，提升对外开放水平，建设内陆开放高地，带动中西部地区的经济发展。2010 年 10 月 24 日，国务院正式批准设立郑州新郑综合保税区。综合保税区是设立在内陆地区的具有保税港区功能的海关特殊监管区域，由海关参照有关规定对综合保税区进行管理，执行保税港区的税收和外汇政策，集保税区、出口加工区、保税物流区、港口的功能于一身，可以发展国际中转、配送、采购、转口贸易和出口加工等业务。经过五年发展，郑州新郑综合保税区已经成为河南对外开放的重要平台。数据显示，2016 年前 10 个月，新郑综保区完成进出口值 2344. 1 亿元，跃居全国海关综合保税区第一位。2011 年 11 月 4 日，郑州综合保税区海关正式开关。五年来，郑州综保区海关注册登记企业数量从 3 家增加到 41 家，每月受理报关单量从 900 票增加到 3. 5 万票，监管货运量从 0. 22 万吨增加到 1. 05 万吨，监管进出区车辆从 3500 辆次增加到 1. 99 万辆次。由于郑州新郑综合保税区发展速度较快以及周边经济带的竞争压力，导致保税区也存在一些问题。因此《规划》指出要继续完善郑州新郑综合保税区的一些功能，推动国际中转、配送、采购、转口贸易和出口加工等业务发展；在符合相关审批条件前提下适时扩区，推进保税物流中心二期等建设。

口岸是开展进出口贸易和吸引内外资项目落地的天然平台，目前，航空港实验区初步形成的中国内陆数量最多、种类最全、效率最高的立体口岸体系，是吸引客商纷沓而至的主要原因。区内企业富士康生产苹果手机占苹果公司全球产量的70%，已成为影响世界智能手机市场的制造中心之一。在富士康的带动下，智能终端产业雁聚航空港，除了带来配套生产厂商100多家，还吸引了酷派、天宇、中兴等20家企业签约入驻。智能终端产业的快速发展，为口岸运营提供了大量货源，新郑机场航空口岸航空物流量实现爆发式增长。因此加快口岸建设对实验区发展意义重大，如《规划》提出的完善航空口岸功能，建设内陆地区口岸后续监管场所，提高口岸信息化、机械化管理和作业水平。

2013年，河南省委、省政府提出河南要以电子口岸建设为载体推进便利通关，实现口岸监管模式创新、功能创新和多元化发展，构建“一站式”大通关信息服务平台。2015年1月26日“通关一体化系统”系统上线运行，2月6日河南电子口岸正式上线运行。电子口岸平台的建设带来了两个显著特征，一是通关无纸化，一个是通关一体化。这两个改革措施可以让公司在报关时直接将各种资料上传到电子口岸平台，缩短时间，使通关便利化。依托河南电子口岸平台的大通关一体化通关模式，2016年5月1日以来，河南省与山东、山西、陕西、甘肃、青海、宁夏、新疆、西藏等“丝绸之路经济带”上的9个海关实现了一体化通关；7月1日起，全国区区联动机制正式启动，郑州关区内的企业可在全国报关实现通关一体化。郑州新郑综保区与郑州机场空港之间“区港联动”通关模式已投入试运营，企业进出口货物通关实现“零等待”。这相当于在郑州新郑综保区和郑州机场空港之间建立起了一条快速通道，使综保区具有口岸功能，实现区港优势互补、物畅其流、共同发展。电子口岸平台的建设以及“区港联动”“区区联动”的实现，这些都是《规划》所指出的。接下来如《规划》所述要继续加强与沿海及边境口岸合作，建立完善通关联络协调机制，构建互联互通、高效运转的对外开放通道。

（2）构建国际化营商环境的规划内涵与战略意义

营商环境是指伴随企业活动整个过程的各种周围境况和条件的总和，包括影响企业活动的社会要素、经济要素、政治要素和法律要素等方面。良好的营商环境是一个国家或地区经济软实力的重要体现，是一个国家或地区提高综合竞争力的重要方面。当前郑州航空港经济综合实验区为了进一步凸显其国际定位，营造良好的国际化营商环境是其必不可少的基础条件之一，也是实验区在新的历史条件环境下，提升核心竞争力、实现可持续发展的重要举措。在《规划》的引领和政府的推动下，航空港实验区的战略利好和良好发展态势吸引着国内外企业的入驻，如世界500强企业IBM、杜邦、华润，国内500强企业酷派、康佳、TCL、绿地、羚锐等。为了更好地发挥航空港区的优势，吸引更多的国际企业入驻，必须要实施创新驱动战略，持续构建国际化的营商环境。因此《规划》指出要加强与国际规则和国际惯例接轨；提高贸易仲裁专业水平和国际化程度；设立营商服务专职机构；引进国际专业服务机构以及为外国人入境提供便利的政策。

（3）创新对外开放体制机制的规划内涵与战略意义

当今世界经济错综复杂，竞争日益加剧，实验区要进一步提升综合竞争力，创新对外开放体制机制意义重大。河南交通优势明显，连贯东西，纵横南北，是全国的铁路心脏、公路枢纽，但航空运输是河南省综合交通运输体系中最大的短板。近年来，河南省委、省政府大力实施民航优先发展战略，全省民航业快速发展。加快民航业发展，是河南省深入实施郑州航空港经济综合实验区战略，深度融入“一带一路”建设、建设对外开放高地，促进产业结构优化升级、培育新的增长动力的重要举措和必然要求。正如《规划》所述，要推进民航的管理，加大民航业对外开放力度；要对进驻实验区的中外航空公司给予支持并建立完善的管理与服务体系。

为构建内陆开放型经济新体制，促进开放型经济制度创新，郑州航空港经济综合实验区口岸局不断加强与郑州海关、综保区海关方面的对接，切实推进14项海关监管创新政策在实验区的落实。这些监管创新制度进一步简化了实验区企业通关手续，加快了通关速度、降低了运营成本。为了实验区内陆开放型创新机制体制的进一步完善，《规划》强调要创新海关监管模式，建立具有中国特色的海关监管制度，推动实验区内的航空物流和加工贸易发展。

（4）带动中原经济区开放发展的规划内涵与战略意义

郑州航空港经济综合实验区作为郑汴一体化区域的核心组成部分，为郑汴一体化提供了新的联动方式，动力和结合点，在打造郑汴一体化升级版过程中发挥着不可替代的促进作用。郑汴一体化的发展是主要以交通线路为发展依靠，沿两侧交通干线形成郑汴产业带，来拉近两城市之间的实际距离。而实验区的实施打破了以往郑汴一体化单一依靠交通线路布置产业带的发展思路，形成郑港经济带和开港经济带，为郑汴一体化提供了新的发展空间。郑州和开封目前正处于产业转型中，传统产业转型为第三产业需要一个相对艰难的过渡期。郑州航空港经济实验区直接依托高端制造业和服务业，为郑州和开封提供良好的示范效应，为正在转型中的两城市指明方向。正如《规划》所述实验区的产业、交通的发展，推进与郑东新区、中心城区联动发展，提升郑州的区域性中心城市地位；把实验区建设成为郑汴新区的核心区域，能够推动交通一体，生态共建，产业链接，推动郑汴一体化发展。

郑州航空港经济综合实验区作为我国首个航空经济实验区，获得了先行先试的优惠政策，可以为搭建体制机制创新的平台、内陆开放高地提供案例支撑和示范引领，为河南的改革发展探索路子并积累经验。正如河南省的很多政策文件所述，通过提升实验区的产业集聚和综合服务能力，增强该区域的综合实力，成为中原经济区最具发展活力和增长潜力的区域。因此《规划》进一步强调要带动区域内高水平产业的发展，带动周边地区的发展，与其共建产业园区；完善综合服务功能，使中原经济区能够参与到全球贸易、航空经济等领域中去。实验区也要强化与其他领域的合作，加强中部地区与京津冀、珠三角、长三角等区域在产业、资源、市场等方面进行合作交流，实现共同发展。

五、空间规划

（一）《规划》主要内容

按照集约紧凑、产城融合的发展理念，优化功能分区，规范开发秩序，科学确定开发强度，构建“三区两廊”空间发展格局（见图3-1）。具体空间规划内容如下：

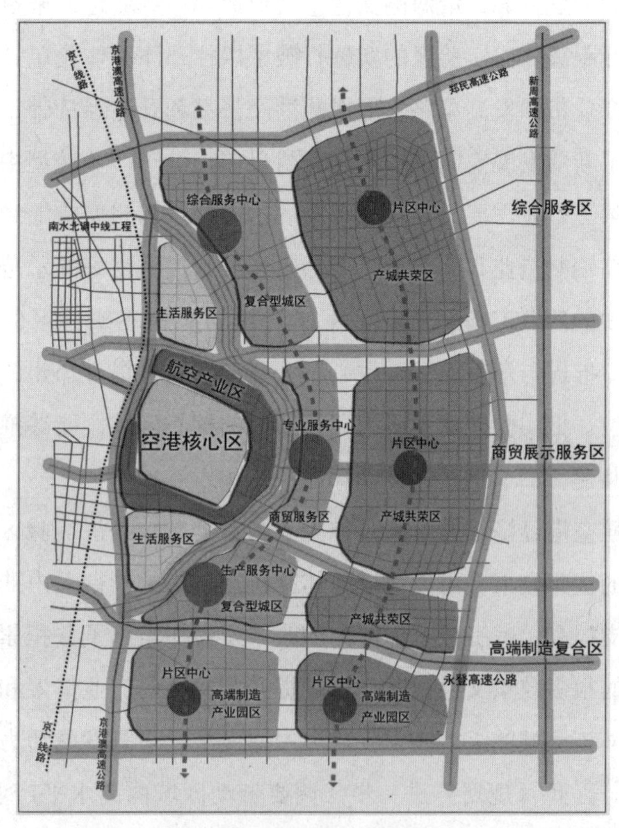

图3-1　郑州航空港经济综合实验区的空间规划

航空港区。主要包括机场及其周边核心区域，建设空港服务区、综合保税区、航空物流区，建设陆空联运集疏中心等设施，重点布局发展航空运输、航空航材制造维修、航空物流、保税加工、展示交易等产业。

北部城市综合服务区。位于空港北侧，建设高端商务商贸区、科技研发区、高端居住功能区，围绕绿色廊道和生态水系进行布局，重点发展航空金融、服务外包、电子商务、文化创意、健康休闲等产业，建设生态、智慧、宜居新城区。

南部高端制造业集聚区。位于空港南侧，建设航空科技转化基地和航空关联产业发展区，重点布局发展通用航空设备制造、电子信息、生物医药、精密机械、新材料等产业。

沿南水北调干渠生态防护走廊。充分利用南水北调主干渠两侧宽防护林带设置生态防护走廊，遵循“优先保护水质”原则，按照干渠管理规定有序建设沿岸森林公园、水系景观、绿化廊道等，打造体现航空文化内涵、集生态保护和休闲游览于一体的景观带。

沿新 107 国道生态走廊。在实验区新 107 国道两侧，规划建设防护林带，形成错落有致、纵贯南北的生态景观长廊。

（二）空间规划的战略解读

郑州航空港经济综合实验区总体上是按照“三区两廊”的思路开展空间布局的，这种布局既保证了产业的发展也有利于开展生态保护。实验区从空间上分为三个大的部分：北区、南区、机场核心区，各区之间分工协作，各有不同的产业布局其中。实验区产业空间围绕机场枢纽功能圈层式展开，机场以北形成以高新技术产业为特色的城市功能空间，机场以南形成以临空经济为特色的城市功能空间。南北空间布局主要体现为与机场实现产业协同，东西向为各大城市组团空间紧密对接，塑造完整的城市空间形象。

航空港区是实验区的核心区域，定位为国际空港区，必须有和航空关联性强的企业。通过这些和航空关联性、带动性强的企业才能吸引其他企业形成集聚，才能提升航空港经济综合实验区的国际影响力。因此航空港区是以机场为核心，主要包括航空客运中心机场和与机场运营相关的设施和以航空公司基地、飞机维修和机务维修等与空港运营相关的行业。在紧邻机场的周边主要发展航空物流、航空制造、临港服务、对外贸易等，包括为航空公司职员和旅客提供相关的商业服务。该区发展受机场的带动最为直接和明显，其产业以航空物流和航空制造为主导，主要有飞机维修和制造区与国内国外快递分拣中心；此外，综合保税区以及自由贸易园区的建成有利于实验区真正发展成国际物流枢纽中心，有利于实验区国际贸易的开展以及发展高端制造业与现代服务业。

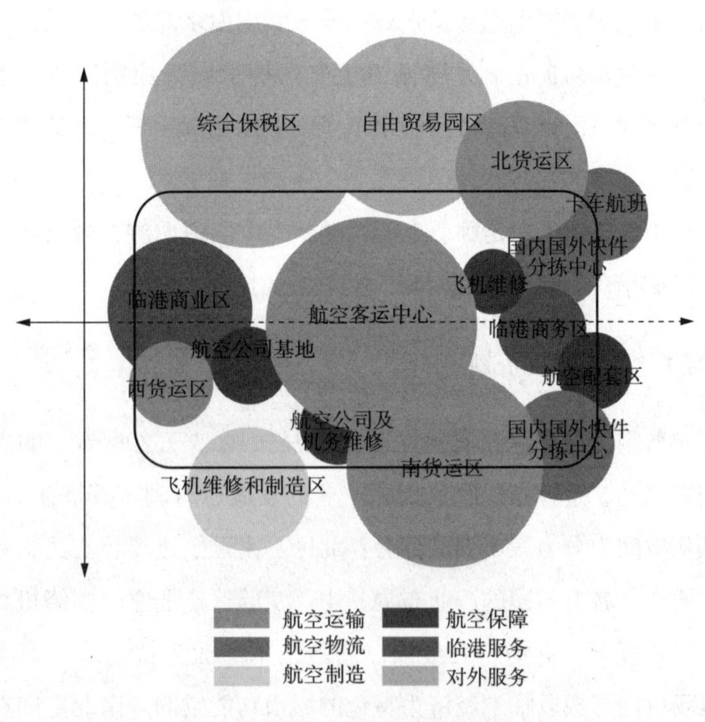

图 3－2　郑州空港核心区功能构成

北部定位为配套服务区和城市综合服务区。实验区的一大定位就是建设成绿色智慧的航空都市，北部主要是建设高端商务商贸区、科技研发区、高端居住功能区，发展航空金融、服务外包、电子商务、文化创意、健康休闲等产业，几乎没有工厂、物流、产业园；而且北部离郑州主城区近、离机场远，因此目前居住区主要分布在北部。随着北部高端商务商贸区、科技研发区的建设吸引了大量的技术和高级管理人才选择在此居住生活，他们也更青睐空气清新、环境优美的生活、居住条件，因此，良好的自然环境也成为实验区吸引力的重要部分。为了满足居住的需求，生态环境尤为重要，因此选择围绕绿色廊道和生态水系进行布局。这种布局将区域与绿色廊道进行结合，能够控制和保护城市滨水生态区，并通过自然和基础设施廊道串联各大基底，使城市更具活力、更紧凑和更具多样性。以绿楔间隔的公共交通走廊型的城市空间拓展方式，将新的开发集中于公共交通枢纽，有利于公共交通的组织，实现有控制的紧凑型疏解，实现“低碳城市”的目标。

南部为高端制造业集聚区，定位为临空产业区。航空高端制造业正在成为地区经济发展的驱动力，高端制造业的发展不再仅仅会带来经济效益，更会带来一种全新的高技术、高附加值、低污染、低排放的新的生产方式的转变，是区域经济融入全球的最佳通道。因为航空运输比较轻便，重量不能太重，体积不能很大，所以一定是高附加值的高端制造业在这里布局，所以以航空港为布局中心，围绕航空经济自身特色推动发展高端制造业，南部主要发展通用航空设备制造、电子信息、生物医药、精密机械、新材料等产业。通过高端制造业吸引资金流、信息流和高端人才向这个地方聚集，并且能够带动产业的转型升级，促进发展方式转变。因此规划临近京港澳高速布局高端制造产业园，永登高速公路以南集中布局临空产业区，结合轨道交通换乘枢纽设置生产服务中心，环绕其布局产业区及配套生活区。

作为全国首个上升为国家战略的航空经济发展先行区，生态建设与经济发展同样重要。南水北调中线工程和新 107 国道沿线建起的生态走廊，将实验区分割成三个区域。南水北调干渠作为整个航空经济区的景观主脉络，串联南北城市功能区，是重要的生态景观廊道。实验区利用南水北调干渠、小清河等生态景观要素，将城市绿地与水体进行结合，不但使绿地承担了对水体的内向保护作用，还承担着外向的城市景观和生态服务功能，具有双重的生态建设意义。在绿地和水体的综合营造下，绿地功能变得更加综合、动态化，与水体的结合不再局限于对于单一场地的纯粹艺术化造型，而是承担起更多的城市功能。两条滨水景观廊道为各城市片区及组团之间带来优美的生态环境及景观，有利于实验区的可持续发展。南水北调干渠生态防护走廊和沿新 107 国道生态走廊等各类生态廊道之间的对接，共同构筑起空港地区网络化的生态基底，为各城市片区及组团之间带来优美的生态环境及景观，营造出低碳环保美丽的航空都市区。

实验区“三区两廊”的规划使其依托航空枢纽，打造国际空港经济，同时在南北功能区中形成多元的功能空间体系，推动产业协同将规划范围内的自然水系、森林公园以及基础设施廊道进行梳理，形成绿色网络框架，产业新区、城市功能区以及现代物流区等各大功能空间嵌入绿地网络，组团式生长，从而共生、提升生产链价值，优化人居环境。

六、推进措施

（一）领导关心与组织保障

郑州航空港经济综合实验区作为中国首个国家级航空港经济综合实验区，相关组织要协同合作，充分发挥全国首个航空港经济发展引擎、开放平台，使郑州带动周边区域协同发展。国家发改委要求河南省有关部门制定更加符合自身经济发展的相关政策、加强工作领导、加大对实验区经济发展、生态建设、基础设施等的支持力度。中国民航局要求实验区建设高度重视组织保障，要对其进行战略谋划和建设推进，加强业务指导，积极支持实验区建设和在民航管理领域开展先行先试。河南省人民政府要支持实验区的建设，制定配套政策，加强组织领导。2013年4月，经省委、省政府批准，设立郑州航空港经济综合实验区管理委员会，与郑州新郑综合保税区管理委员会实行一个机构、两块牌子。

2013年7月，郑州航空港经济综合实验区管理委员会正式挂牌成立，实行“市管为主、省级扶助”的领导体制，建立“两级三层”管理体制。郑州航空港经济综合实验区党工委、管委会正式揭牌，首批重大项目集中开工，标志着实验区新型管理体制步入轨道、建设开发全面启动。智能手机、液晶电视、现代物流等投资166亿元的首批八大项目落户实验区，拉开了以航空经济为引领的现代产业基地建设的序幕。

2014年1月10日，河南省人民政府批复《郑州航空港经济综合实验区概念性总体规划（2013—2040年）》。这个文件总体规划明确了今后一个时期实验区建设发展的总体目标和时间表、路线图，成为省级层面引领和推动实验区科学发展、加快发展的纲领性文件。

2014年2月25日，郭庚茂书记、谢伏瞻省长带领省四大班子领导赴郑州航空港经济综合实验区集体调研。在实验区规划获批一周年之际，省四大班子领导首次到实验区集体调研，体现了省委抓大事带全局，加快实验区建设、推动国家战略规划实施的坚定导向。第一次完整系统地提出了“建设大枢纽、发展大物流、培育大产业、塑造大都市、带动城市群，并以此实现中原崛起、河南振兴”的战略思路，发出了争分夺秒、乘势而上、深化改革，打造河南乃至中原地区开放平台和窗口的动员令，吹响了攀上“摩天岭”、占据制高点的冲锋号。

2014年5月10日，国家主席习近平总书记赴河南保税物流中心和国际陆港视察跨境贸易及郑欧班列运行情况，听取郑州航空港经济综合实验区介绍。在河南保税物流中心E贸易服务大厅，习近平总书记详细地了解了郑州跨境贸易电子商务服务试点情况，勉励郑州跨境贸易朝着“买全球卖全球”的目标迈进。在郑州国际陆港铁路集装箱中心站，习近平总书记详细了解郑州建设物流枢纽、中欧铁路物流中心情况，指出这次考察对河南加快构建“米”字形快速铁路网、建设大枢纽、发展大物流的战略构想有了更直接的了解，希望河南建成连通境内外、辐射东中西的物流通道枢纽，为丝绸之路经济带建设多做贡献。

2014 年 7 月 8 日，河南省委书记、省人大常委会主任郭庚茂，省委副书记、省长谢伏瞻等到郑州航空港经济综合实验区调研，贯彻落实习近平总书记在河南省调研指导时的重要讲话精神，进一步研究完善了实验区发展思路，检查了实验区建设工作部署落实的情况。

2015 年 2 月 10 日至 11 日，河南省委书记、省人大常委会主任郭庚茂，省委副书记、省长谢伏瞻，省政协主席叶冬松与省委、省人大、省政府、省政协四大班子部分领导同志齐赴郑州航空港经济综合实验区进行调研，亲身感受发展脉动，研究完善工作思路，部署今年重点任务。

2015 年 8 月 31 日，在郑州机场的二期工程目前已进入“最后冲刺”阶段，验收工作全面启动的时期，省委书记、省人大常委会主任郭庚茂，省委副书记、省长谢伏瞻，省政协主席叶冬松与省四大班子部分领导同志到航空港实验区调研，实地查看重点工作推进落实情况，并召开座谈会，研究讨论、悉心指导航空港实验区的下一步建设和发展。

2015 年 9 月 24 日，李克强总理视察郑州航空港经济综合实验区。李克强总理指出，郑州新郑机场这个航空枢纽，不仅要建成河南最大的，也希望它能够成为全国最大的立体式现代综合交通枢纽之一。他对保税物流中心改革和创新商业模式、政府监管方式，实现跨境贸易逆势增长予以肯定，称赞“秒通关”新模式不仅提高了效率，也压缩了寻租空间，真正为企业减负增效，激发出市场活力。他强调，郑州航空港经济综合实验区、跨境电子商务实实在在地显示着中原腹地的重要力量，辐射周边、活跃全局所产生的价值远超过全省 GDP 总量。河南是愿意作为、主动作为的地方，河南可以更多地为国家发展提供支撑力量，国家需要河南发挥更大的作用。

2016年1月6日，郑州跨境电子商务综合试验区获批设立。郑州跨境电子商务综合试验区获批设立，体现了国家对郑州跨境电子商务服务试点成效的充分肯定。试验区将着力打造“单一窗口”综合服务、综合园区、人才培养和企业孵化三大平台，构建跨境电子商务信息共享、金融服务、智能物流、信用管理、质量安全、统计监测、风险防控七个体系，最终构建“一核”（跨境电子商务综试区核心区）“两区”（航空港实验区、郑州经开区）、“多园”（全省有关地市、郑州有关县区）的产业格局。

2016年2月18日，为更好、更快地推进郑州航空港经济综合实验区建设，郭庚茂、谢伏瞻等省领导对郑州航空港经济综合试验区进行调研，为郑州航空港经济综合试验区的产业培育、城市建设、城市管理等指明了方向。

2016年8月1日，省委书记、省人大常委会主任谢伏瞻，省委副书记、省长陈润儿等省领导在郑州航空港经济综合实验区智能终端（手机）产业园调研。检查2016年以来工作进展情况，研究解决存在的困难和问题，勉励有关方面保持定力、加压鼓劲、创新有为，推进航空港经济综合实验区更好、更快发展。

（二）政策、方案、规划的衔接与引领

郑航经济实验区在我国的先行先试不仅受到了国家层面的支持，而且受到了河南省和郑州市政府的大力支持，许多优惠的、专门针对其快速建设的政策、方案规划等一步步跟进。

2012年11月17日，国务院批复《中原经济区规划（2012—2020）》，明确支持规划建设实验区，建设国内大型郑州航空枢纽。该规划明确郑州建设国内大型航空枢纽后，随即中国民航局又把郑州新郑国际机场确定为“十二五”期间中国综合交通枢纽建设试点。

2013年3月7日，国务院正式批复了《郑州航空港经济综合实验

区发展规划（2013—2025年）》，郑州航空港成为全国首个上升为国家战略的航空港经济发展先行区。郑州航空港经济综合实验区的国际航空物流中心、以航空经济为引领的现代产业基地、内陆地区对外开放重要门户、现代航空都市、中原经济区核心增长极等战略定位进一步明晰。

2013年5月31日，郑州跨境贸易电子商务服务试点项目实施方案获得海关总署的正式批复。探索发展跨境贸易电子商务，是实验区建设国际航空物流中心的重要举措，是实验区构建内陆地区对外开放重要门户的支撑平台。作为全国首批跨境贸易电子商务试点城市，《实施方案》在全国率先提出建立跨境电商“保税备货模式”，成为海关总署“1210模式”推广全国的蓝本，探索出一条中国特色“跨境电子商务+邮快件”的全球采购、出口、分拨、配送的商业模式，引起了国内外的高度关注，并成为吸引国内外电商、物流商、支付商等高端要素在实验区集聚发展的重要引力源。

为推动实验区的快速发展，2013年11月12日，河南省人民政府办公厅印发《关于郑州航空港经济综合实验区与省直部门建立直通车制度的实施意见》以及《关于支持郑州航空港经济综合实验区发展的若干政策》。《关于郑州航空港经济综合实验区与省直部门建立直通车制度的实施意见》赋予实验区省辖市一级管理权限，在规划直接上报、项目直接申报、用地直接报批、财政补助直接申报、证照直接发放和直接报批等9个方面26个领域，明确了实验区与省直部门直通的266个具体事项。这种管理权限的下放，不仅有利于实验区提高行政效能、构建国际化营商环境，更是全省简政放权、深化行政审批制度改革的探路之举。《关于支持郑州航空港经济综合实验区发展的若干政策》涵盖了财税、口岸建设及通关便利化、金融、产业发展、要素保障、人才保障等7个方面81项含金量高、可操作性强的具体政策，初步搭建了省级层面支持实验区建设发展的政策体系。这些政策措施有利于推动实验区的进一步发展。

2014年4月，河南省人民政府与中国民航局签订《共同推进郑州航空港经济综合实验区建设合作备忘录》。该备忘录确定了推进郑州机场二期工程建设、打造国际航空货运枢纽、发展航空产业和通用航空产业、提升郑州机场运营水平等8个方面16项省局合作共建举措。中国民航局将其印发全国民航系统，要求各大航空公司、主要枢纽机场积极支持和对接实验区发展。先行先试、务实合作，成为省部战略合作的典范。

2014年9月10日，郑州市城乡规划编制研究中心公示了《郑州航空港经济综合实验区专项规划》，包括郑州航空港经济综合实验区市区中小学布局规划、郑州航空港经济综合实验区社会福利机构布局规划、郑州航空港经济综合实验区文物保护规划、郑州航空港经济综合实验区医疗卫生设施布局规划、郑州航空港经济综合实验区城市商业网点布局规划、郑州航空港经济综合实验区体育设施布局规划、郑州航空港经济综合实验区绿地系统规划、郑州航空港经济综合实验区防灾避险规划、郑州航空港经济综合实验区邮政设施规划、郑州航空港经济综合实验区消防规划、郑州航空港经济综合实验区常规公交及快速公交专项规划、郑州航空港经济综合实验区环境卫生设施工程规划、郑州航空港经济综合实验区防洪除涝规划、郑州航空港经济综合实验区水资源配置规划、郑州航空港经济综合实验区水生态及水景观规划、郑州航空港经济综合实验区生态环境保护规划、郑州航空港经济综合实验区防震减灾规划17项专项规划，从理念上、技术上、实施上保障了航空港经济综合实验区的进一步建设。

2015年2月28日，中共河南省委办公厅、河南省人民政府办公厅印发《郑州航空港经济综合实验区建设体制机制创新示范区总体方案》。该方案提出，以推进投融资、贸易、物流、监管“四个便利化”为核心任务，力争到2017年基本形成集成联动的物流发展机制、开放多元的投融资体制、与国际接轨的贸易规则体系、安全高效的监管体制，系统完备、科学规范、运行有效的制度体系建立健全；到2025年各方面制度更加成熟、更加完善，形成透明化、国际化、法制化的营商环境，成为引领中原经济区发展、服务全国、连通世界的开放高地。

2016年1月8日，郑州航空港区官网刊出《郑州航港经济综合实验区总体规划（2014—2040）》批前公示，对郑州航空港经济综合实验区的各方面建设进行了全面的规划。

2016年3月，“加快郑州航空港经济综合实验区建设，支持发展内陆开放型经济”列入《中华人民共和国国民经济和社会发展第十三个五年规划纲要》，郑州航空港经济综合实验区的战略定位进一步提升。

（三）项目与企业的支撑

《规划》明确提出，郑州航空港经济综合实验区要有明确的定位，体现河南现有优势，进行科学合理布局，形成特色鲜明的航空港经济产业体系。国家战略的政策利好和实验区的良好发展态势，吸引着国内外客商的热切关注，IBM、杜邦、华润、酷派、康佳、TCL、绿地等一大批世界500强和国内500强企业入驻，实验区作为河南对外开放和招商引资主平台的战略效应逐步显现。

实验区的产业以航空物流业、高端制造业和现代服务业为代表，因此要实现实验区快速持续发展，引进企业时要进行合理科学的规划。

2013年7月18日，首趟郑欧班列正式开行。作为中部地区首条直达欧洲的铁路货运班列，郑欧班列经新疆阿拉山口出境，途经哈萨克斯坦、俄罗斯、白俄罗斯和波兰后到达德国汉堡，标志着作为中国铁路心脏的郑州一跃成为新亚欧大陆桥经济走廊的重要枢纽。其开通运行，不仅为实验区发展公、铁、航多式联运，建设国际化现代综合交通枢纽提供了重要支撑，更成为新时期河南主动融入国家“一带一路”战略的桥梁和纽带。2013年11月27日，河南省人民政府与菜鸟网络科技公司签署战略合作协议。菜鸟网络是阿里巴巴集团旗下的综合物流运营平台，新型物流仓储基地及电商产业集聚园区、多式联运转运基地、保税物流基地、电商产业园等项目签约落地，标志着实验区建设越来越受到国内电商巨头的青睐。

2014 年 1 月 14 日，河南民航发展投资有限公司成功收购卢森堡货运航空公司 35% 的股权。卢森堡货航是欧洲最大的全货运航空公司，货运规模居全球第 9 位，航空货物分拨系统覆盖欧洲 177 个目的地。河南和卢森堡将共同建立以郑州机场为亚太枢纽、卢森堡机场为欧美枢纽的双枢纽战略合作模式，打通一条横贯中欧的货运“空中丝绸之路”。自 2011 年 3 月富士康科技园入驻实验区以来，中兴、酷派、天宇、创维等 17 家知名手机生产企业纷至沓来，实验区智能终端产业正在从“一只苹果”成长为“一片果园”。2014 年 11 月，郑州航空港经济综合实验区手机产量突破 1 亿部。2014 年 12 月 29 日，美国穆尼飞机“郑州 1 号”正式下线。穆尼飞机在各方面性能上堪称全球业界翘楚，在通用航空领域被公认为性价比最高的飞机。“郑州 1 号”的下线首发，标志着河南省在通用航空制造领域实现了零的突破，飞机制造和通用航空产业有望成为河南的新名片。

2015 年 3 月 28 日，正威科技城智能终端（手机）产业园在郑州航空港经济综合实验区开工建设。正威国际集团是世界 500 强企业之一。该项目总投资 250 亿元，涵盖手机整机制造、核心配套配件、软件开发、交易展示、商贸物流等产业项目，集金融中心、研发设计中心、移动互联网、智慧城市于一体，达产后将实现手机年产能 2 亿部，成为中国最完整的手机全产业链园区。在此基础上实验区要大力发展电子信息高端制造业，依托航空港的运输优势，打开国际市场，形成一批知名的大型现代企业。目前，郑州市已经有一批中小型医药企业，应当在这个基础上继续在实验区引进大型的国内外知名医药企业，提高研发能力，加大自主创新力度，形成高端医药和医疗器械产品研发中心，培育生物制药和医疗器械产业集群。同时国际商务会展、高端康体娱乐休闲以及提供知识型服务的金融保险、信息、会计、法律、咨询等产业也是航空港经济产业体系的必要组成部分。

（四）人才的培育与引进

郑州航空港经济综合实验区的发展离不开人才，为了实验区的发展扩大，需要大力引进和培育人才。实验区管理委员会从紧缺人才出发，通过公开招聘的方式大量招聘管理人才、教师和科研人才，为实验区的建设打下了很好的基础。例如，2016 年实验区公开招聘 20 名派遣人员、223 名教师、32 名海关协管员等，从多个部门的实际需要出发，广纳贤才，解决了实验区当前人才紧缺的局面。另外，实验区根据郑州航空港经济综合实验区总体规划，积极引导各类专业学校和国际名校来此建区办学，以解决专业人才极其缺乏的局面。例如，郑州工程技术学院，新校区项目得到了郑州市委、市政府的大力支持，航空港区对学校项目落地做好对接，提供好服务。此外，实验区实施有针对性的人才培养方法，对员工进行技能培训，提高了他们从事实验区建设的专业素质。航空港经济以航空业为主，因此需要实验区大力培养一批航空运输、航空物流、电子信息、航空设备制造与维修等领域的专业技术人才。此外，实验区还制定人才管理条例，建立与市场经济体制相适应的激励机制，期望能留住国内外人才，激发科技人才、专业人员入驻实验区的积极性。

（五）基础设施建设的保障

完善的基础设施将使郑州航空港经济综合实验区在竞争中更具备优势，也能对实验区进一步的发展起到支持作用；同时将为实验区内的产业提供良好的环境，会吸引更多企业参与到实验区的建设中来；并且完善而良好的基础设施也能满足当地居民以及外来人才的需求，有利于提高他们的生活质量，加强他们对于实验区的认同程度，增强他们的向心力和凝聚力，从而促进实验区的快速发展。因此实验区完善了内部、周边的路网建设，逐步构建与空间和功能相协调的交通体系，积极推动运输方式的多样化，带动郑州乃至周边地区经济的发展。加快了实验区内部市政公用设施的建设，按照规划逐步构建功能完善、保障有力、安全可靠的市政设施体系。在公共服务设施建设方面，着力发展教育、就业、医疗等方面的公共服务，不断健全基本公共服务体系。在生态环境方面，进一步加强了生态建设跟环境保护，从最大程度上减少城市建筑扬尘、固体废弃物、航空噪声等环境污染，为建设智慧绿色的都市区提供了保障。

（六）“一带一路”的积极融入

郑州航空港区建设是国家战略之一，而“一带一路”建设是目前国家层面上实施全面对外开放的重要战略，二者在实施与建设过程中是互为支撑、共同发展的。郑欧班列是郑州航空港经济综合实验区的重要配套项目，是河南省重点搭建的一个重要的对外开放平台，成为连通郑州到欧洲、沟通世界的国际铁路物流大通道。郑欧班列自 2013 年首班班列开通以来，其总载货量、货物种类、合作伙伴及业务覆盖范围持续在中欧班列中保持领先。郑欧班列的运行使郑州有了自己的国际物流通道，拉进了郑州与世界的距离，并使郑州积极参与到国家的战略中去。因此要进一步发展郑欧班列，要在规范和发挥地方政府作用的同时，充分发挥市场的决定性作用；要合理配置运力，优化班列路线等。作为中部地区首条直达欧洲的铁路货运班列，郑欧班列经新疆阿拉山口出境，途经哈萨克斯坦、俄罗斯、白俄罗斯和波兰后到达德国汉堡，其开行标志着作为中国铁路心脏的郑州一跃成为新亚欧大陆桥经济走廊的重要枢纽。郑欧班列的开通运行，不仅为实验区发展公、铁、航多式联运，建设国际化现代综合交通枢纽提供了重要支撑，更成为新时期河南主动融入国家“一带一路”战略的桥梁和纽带。

（七）自贸区建设的助力发展

自贸区是经济全球化和区域经济一体化的产物，2016 年 8 月国务院决定设立河南自贸区。河南自贸区建设与打造贯通南北、连接东西的现代立体交通体系和现代物流体系相结合，以促进流通国际化和投资贸易便利化为重点，以国际化多式联运体系、多元化贸易平台为支撑，打造对外开放高端服务平台，发展成为“一带一路”战略的核心腹地。河南自贸区范围涵盖郑州航空港经济综合实验区，因此，自贸区建设助力了实验区的各项建设，为贸易的便利化提供了保障。自贸区的建设需要现代物流体系，而实验区的航空物流将为自贸区提供良好的航空优势，能够将货物快速地运送至国内或国外；实验区也应利用好自贸区的政策，在发展过程中要与自贸区紧紧结合，发挥航空港经济综合实验区和自贸区的政策叠加优势，将两者建设统筹考虑，更能保证结果的质量效益，也更符合实际。

（八）电子商务的助推发力

互联网和电子信息技术的发展给国际贸易以及各国经济交流带来了前所未有的机遇与挑战。跨境电子商务冲破了国与国之间的界线，打破了国际的贸易壁垒，而且也正在引起世界经济贸易向信息化、数字化时代迈进，对跨境电子商务在服务、物流、信用和人才培养等方面进一步创新和变革起到了决定性的作用。2016 年 1 月 6 日，郑州跨境电子商务综合试验区获批设立。郑州航空港跨境电子商务示范园依托航空港的区位优势，以国际化视野打造高端供应链平台，将电商平台与线下实体店相结合，逐步完善进出口资源供应链。同时郑州也是国家唯一一个综合性“E 贸易”试点，在全国试点城市和跨境电商试验区中也保持着领先地位，有力地推进了实验区的电子商务业发展。因此未来，郑州航空港区跨境电子商务示范园要积极引进国外先进技术、知名品牌和优秀人才，打造成一个国际化的产业集聚地；“E 贸易”也要借助跨境电子商务的政策优势，搭建更多的跨境电商交易平台，创新配置资源体系，更好地推动跨境“E 贸易”的发展。

2016 年 3 月公布的《中华人民共和国第十三个五年规划纲要》中提出，实施网络强国战略，实施大数据与“互联网 +”战略。同时河南省委、省政府高度重视大数据发展，《河南省国民经济和社会发展第十三个五年规划纲要》中明确提出建设网络经济大省，实施大数据发展战略。2014 年 6 月 26 日，河南省人民政府与阿里巴巴集团签订云计算和大数据战略合作框架协议。云计算和大数据产业是新一代信息技术产业的重要组成部分，是对信息处理技术和方法的革命，将对信息技术和信息产业以及未来经济社会发展产生重大影响。双方商定共同推动中原云平台、阿里云中部创业创新基地落户实验区，标志着实验区在培育引进新业态新模式方面的重大突破。在政策层面上，河南在全国率先制定实施了《关于推进云计算大数据开放合作的指导意见》和《河南省“互联网 +”行动实施方案》等一系列系统性政策措施。实验区在建设中在这些战略、政策上有“先天”的优势，在此基础上进行大数据产业对实验区的经济运行、产业转型、民生建设有重要的支撑作用，促进了实验区的进一步发展。

（九）中原城市群战略的内聚支持

2016 年 12 月，国务院正式批复《中原城市群发展规划》，标志着中原城市群成为第七个国家级城市群。《中原城市群发展规划》中提出将中原城市群建设成为中国经济发展新增长极、重要的先进制造业和现代服务业基地、中西部地区创新创业先行区、内陆地区双向开放新高地和绿色生态发展示范区。要推进中原城市群建设成为内陆地区双向开放新高地和绿色生态发展示范区，必须推进以郑州为核心的现代化郑州大都市区的内聚式建设。因此，《中原城市群发展规划》指出，依托郑州中心城区、航空港区等，强化国际开放门户和多式联运物流中心功能，建设国家级“双创”示范基地和区域经济、文化、商贸中心，打造集中体现区域竞争力的大都市区核心区，进一步发挥辐射带动作用。在郑州大都市区建设战略的引领下，郑州航空港经济综合实验区、河南自由贸易试验区和跨境电子商务综合试验区建设的叠加建设优势必然会进一步凸显，航空港智慧绿色都市区建设的步伐必将进一步加快。因此，中原城市群以及郑州都市区的建设要准确把握中央经济体制改革带来的机遇，进一步加快郑州航空港经济综合实验区建设，以大枢纽带动大物流，用大物流带动产业集聚，以产业集聚带动城市生产要素集聚，加快中原城市群的发展。

参考文献

［1］曹盛华．郑州航空港经济综合实验区跨境电子商务的机遇与创新［J］．创新科技，2015，(4)：42-45.

［2］丁新科．放大综合优势，提升建设水平［N］．河南日报，2016-09-15（002）.

［3］丁志伟，王发曾．中原经济区建设热点问题解读［M］．北京：中国经济出版社，2016.

［4］方曾利，任俊学，李县伟．郑州航空港经济综合实验区多式联运问题研究［J］．公路与汽运，2015，(3)：81-84.

［5］国家发展和改革委员会．国家发展改革委关于印发郑州航空港经济综合实验区发展规划（2013—2025年）的通知（发改地区［2013］481号）［EB/OL］．http://www.sdpc.gov.cn/zcfb/zcfbghwb/201304/t20130422_588370.html，2013-03-08.

［6］国家发展和改革委员会、外交部、商务部（经国务院授权发布）．推动共建丝绸之路经济带和21世纪海上丝绸之路的愿景与行动［M］．北京：人民出版社，2015.

[7] 河南省人民政府. 河南省人民政府关于印发河南省国民经济和社会发展第十三个五年规划纲要的通知 [EB/OL]. http://www.henan.gov.cn/zwgk/system/2016/04/27/010637714.shtml, 2016-3-28.

[8] 贺卫华. 建设郑州航空港经济综合实验区，打造中原经济区核心增长极 [J]. 黄河科技大学学报, 2013, (5): 46-49.

[9] 李进霞. 郑州航空港经济综合实验区产业发展分析 [J]. 河南工业大学学报（社会科学版），2016, (1): 149-152.

[10] 李林. 航空港发展生物医药优势凸显 [N]. 河南日报, 2014-11-01（第03版）.

[11] 李伟杰. 郑州航空港建设列入国家"十三五"规划 [J] 农村·农业·农民（B版），2016 (3): 12.

[12] 李新安. 郑州航空港经济综合实验区意义重大 [EB/OL]. http://news.163.com/13/0408/03/8RTKC9NI00014AED.html, 2013-04-08.

[13] 栾姗. 区港联动，货物通关"零等待" [N]. 河南日报, 2015-09-29（第10版）.

[14] 王景全. 郑州绿色航空港建设的特征与路径 [J]. 城乡建设, 2014, (02): 35-38.

[15] 杨凌. 郑州口岸力量助推河南经济腾飞 [N]. 河南日报, 2015-05-31（第01版）.

[16] 郑州航空港经济综合实验区（郑州新郑综合保税区）管理委员会.《郑州航空港经济综合实验区总体规划（2014—2040）》批前公示 [EB/OL]. http://www.zzhkgq.gov.cn/ghgs/130926.jhtml, 2016-01-08.

[17] 郑州市城乡规划局. 郑州航空港经济综合实验区专项规划 [EB/OL]. http://www.zzupb.gov.cn/GuiHuaGongShi/GongShiContent_2EE66839-C94A-4D2F-8B7B-249EC8F272AE.html, 2014-09-10.

[18] 中华人民共和国国家发展和改革委员会. 中原城市群发展规划

[EB/OL]. http://www.ndrc.gov.cn/gzdt/201701/W020170105525254108365.pdf.

[19] 中共中央、中华人民共和国第十三个五年国民经济与社会发展规划纲要 [M]. 北京：人民出版社，2016.

[20] 周弘. 欧洲会展经济发展对中国的启示 [J]. 经济研究导刊，2013 (36)：262－264.

[21] 周晓利. 航空港经济综合实验区航空物流发展策略——以郑州为例 [J]. 企业经济，2014，(4)：147－150.

[22] 朱殿勇. 研究进一步加快民航业发展等工作 [N]. 河南日报，2015－11－06（第01版）.

第四章

“一带一路”战略

一、战略背景

（一）古代背景

“丝绸之路”一词最早是由德国地理学家费迪南·冯·李希霍芬（Ferdinand von Richthofen）在他的《中国：我的旅行成果》一书中正式提出的。李希霍芬的丝绸之路是指汉至唐朝时期从中原经过河西走廊和塔里木盆地到达中亚和地中海的贸易路线，由于进行交易的主要商品为丝绸，因此定义为丝绸之路。而事实上丝绸之路要比李希霍芬定义的丝绸之路历史更为悠久，范围更为长远，交易的货品更为丰富。从词义内涵来看，丝绸之路这个名词更像是中国对外交流的一种商业贸易路线，或者是一种东方与西方之间交流的文化象征。

在历史过程方面，丝绸之路是在长达数千年的历史中开发和形成的，远在春秋战国时期（甚至是商周时期），古代中国与欧亚大陆其他国家就存在着贸易活动。自汉之后，这种贸易活动逐步变成由官方主导、垄断，贸易规模和范围不断扩大，鼎盛时期遍及欧亚大陆，甚至包括北非和东非。古丝绸之路以大国文明为核心，既是古代世界最为重要的经济贸易之路，也是连接亚欧大陆的文化纽带，繁荣的商品贸易和人员流动对沿途各国的经济、文化、宗教信仰乃至政治产生了深远的影响。

在经济方面，西汉张骞两次通西域后，使得这条亚欧商贸交通大通道，在经过数千年发展后，经过亚欧众多民族、国家的共同开发，终于沟通，从而使具有特色并受各族人民欢迎的丝绸作为商品，通过亚欧商贸交通大通道传入各国。同时从西域传入中原各国的奇珍特产，也受到了中国人民的喜爱。随着“丝绸之路”的贸易往来，不仅促进了商品的快速流通，推动了整个经济的繁荣发展，而且古丝绸之路造就了一批贸易城市，商品贸易的扩大推动了各国经济金融的进一步发展。

在文化方面，丝绸之路促进了人口的频繁流动，带动了外族定居和民族之间的通婚，丰富了我国的民族多样性，促进了民族融合，在一定程度上减少了贸易的文化障碍。在丝绸之路的经济贸易往来中，不同国家的文化交流方式与文化礼仪逐渐被丝绸之路沿线的国家所认知。随着丝绸之路影响人口的流动，东西方的文化交流也逐渐深入。中国古代的思想结晶造纸术、指南针、火药、印刷术“四大发明”与中国的丝绸、瓷器、茶叶等更为广泛地传入西域乃至欧洲各国，对世界文明发展史产生了深远的影响；同时西域各国的体育活动、乐器、音乐、服装、舞蹈等传入中原，并与中原文化相融合。此外，欧洲商人和传教士还将欧洲当时领先的数学、物理学、天文学、地理学、绘画、武器制造技术等带入中国，通过结识社会名流和入朝为官两种方式，率先向中国的统治阶级传播自然科学。

在政治方面，张骞出使西域的目的本是政治而不是贸易，贸易是伴随着政治而逐渐推进和加深的。自张骞通西域后，加强了地方政权相继与汉互派使者访问，也畅通了彼此之间的经济和贸易交流。同时，西汉时期，在西域设置的西域都护府直辖机构，不仅增进了西域与中原地区的进一步联系，而且对边陲地区加强了控制，保障了中原地区的安全。

在这种行政力量的干预和影响下，不仅推动了欧亚大陆不同国家和民族之间的相互认知和文化交融，实现了古代社会农耕、游牧等主要经济形态之间的交互作用，而且开启了全球化和形成命运共同体的漫长征程。此外，中国文化还通过丝绸之路不断吸纳周边民族文化以及外来文化，奠定了现代中国作为世界多民族东方大国的疆域版图和多元民族文化共存的文化大国地位。

在宗教信仰方面，在东汉、魏晋、南北朝时期，以梵僧、西域胡僧为主体，汉译佛经为内容传播至中原地区，与儒家、道家、玄学等学说接触交流。至隋唐、五代时期形成具有中国特色的佛教各大宗派。北宋时期，在外来佛教完成中国化的过程中，佛教文化与儒家文化、道家文化融合，出现了“三教合一”的趋势。明朝时期，在佛教的影响下，佛教文化与中国本土占主流地位的儒学相互交流、融合，发展成新的儒家学——宋明理学的历史过程。佛教中国化是中国本土文化第一次成功地以和平、平等、开放、包容的姿态，吸纳、融汇了一种通过丝绸之路传播而来的外来文化，并使本土文化在内容、形态上更加丰富多元，在精神品格和人文气质上得到发展和提升，从而使中华文化更加具有了开放包容、海纳百川和内容丰富、博大精深的气度和特质。

（二）时代背景

2008 年全球金融危机以来，全球产业结构进入了深度调整期，世界经济复苏缓慢，发达国家增长乏力，经济增长速度不断回落。伴随着世界经济的下行，工业生产收缩，制造业处于下行期，原先具有全球产业竞争优势的工业化国家普遍出现了结构性失衡，新兴经济体加剧了全球工业竞争，发达国家的制造业发展速度有所下滑。在这种失衡性经济链条的影响下，世界资本流动减速，金融资产增长缓慢，发达经济体对外投资一蹶不振，原先专注于资本输出的国家开始将目光转向国内，使全球资本跨境流动大幅下挫，新兴与发展中经济体资本市场动荡加剧，投资回报率普遍下降。在资本市场的影响下，经济增长的疲软严重拖累了世界贸易的增长，世界贸易持续低迷，出口形势急剧恶化，世界商品与服务贸易的出口正在经历深度调整。因此，各国在面对发展问题的困境中，迫切需要秉持开放的精神，开展更大范围、更高水平、更深层次的区域合作，共同打造开放、包容、均衡、普惠的区域经济合作架构，推动区域内要素有序自由流动和优化配置。

2013 年 9 月和 10 月，中国国家主席习近平在出访中亚和东南亚国家期间，在“古丝绸之路”的基础上，先后提出了共建“丝绸之路经济带”和“21 世纪海上丝绸之路”的战略构想。强调相关各国要打造互利共赢的“利益共同体”和共同发展繁荣的“命运共同体”。

共建“一带一路”，是中国政府根据国际和地区形势的深刻变化，以及中国发展面临的新形势、新任务，致力于维护全球自由贸易体系和开放型经济体系，促进沿线各国加强合作、共克时艰、共谋发展提出的战略构想，具有深刻的时代背景。共建“一带一路”顺应世界多极化、经济全球化、文化多样化、社会信息化的潮流，秉持开放的区域合作精神，致力于维护全球自由贸易体系和开放型世界经济。共建一带一路旨在促进经济要素有序自由流动、资源高效配置和市场深度融合，推动沿线各国实现经济政策协调、开展更大范围、更高水平、更深层次的区域合作，共同打造开放、包容、均衡、普惠的区域经济合作架构。共建“一带一路”符合国际社会的根本利益，彰显人类社会共同理想和美好追求，是国际合作以及全球治理新模式的积极探索，将为世界和平发展增添新的正能量。共建“一带一路”致力于亚欧非大陆及附近海洋的互联互通，建立和加强沿线各国互联互通合作伙伴关系，构建全方位、多层次、复合型的互联互通网络，实现沿线各国多元、自主、平衡、可持续发展。

（三）中国背景

随着改革开放的深入推进，中国经济早已融入世界经济的行列之中，如何实现中国经济全面协调可持续发展，如何促使中国能够和平崛起，是我国必须要长期思考的战略问题。要实现中国经济的持续快速发展和和平崛起，需要我国一以贯之地坚持对外开放的基本国策，提升沿海开放水平，深化内陆和沿边开放，实施向西开放，构建全方位开放的新格局，深度融入世界经济体系。正如我国领导人经常提及的：中国的发展需要世界，世界的发展也需要中国。“一带一路”战略倡议顺应了世界多极化、经济全球化、社会信息化的潮流，既能够给世界带来极大的裨益，也能在经济上、文化上为中国带来更多的益处。

“一带一路”战略对中国而言，不仅能对冲掉美国主导的试图孤立中国而推进 TPP（跨太平洋伙伴关系协议）、TTIP（跨大西洋贸易伙伴谈判），还能有机会在“一带一路”经贸中抢占全球贸易新规则制定权。例如，21 世纪海上丝绸之路将以国内外的港口为支点建设，推动各种规格的自贸协定谈判，就是推行以中国为主导的新的贸易规则。在国内，特别是上海自贸区试验成功后，就可以上海（含宁波舟山）和泉州湄洲湾港的超级深水港为依托建设国际中转港，真正带动建设国际经济、金融、贸易、航运中心，掌控国际贸易主导权，定价权和资源配置权。在这样贸易区的带动和影响下，中国将更加积极主动地加速主导区域经济整合，提升自己的区域经济影响能力。

随着经济的快速发展，产能过剩成为我国的一大难题，如何能够寻找到空间出口是我国当下所必须面临的问题。美、欧、日作为我国传统的出口国，这种单一和狭窄的出口方向早已经开拓得较为充分，增量空间已经不大，国内的过剩产能很难再通过它们进行消化。在国内消费加速启动难以推进的情况下，“一带一路”战略的实施为我国继续开辟新的出口市场提供了更大的契机，提供了更为广阔的市场空间，过剩的产能将能得到有效的释放。与此同时，对于过剩的外汇资产来说，新兴市场国家和欠发达国家的基础设施建设仍然欠缺，中国可以利用积累的外汇储备作为拉动全球增长的资本金，同时通过资本输出带动消化过剩产能。

中国的油气资源、矿产资源对国外的依存度较高，这些资源主要通过沿海海路进入中国，渠道较为单一。由于中国与其他重要资源国的合作还不够深入，经贸合作也未广泛有效地展开，使得资源方面的合作不稳定和牢固，一旦发生战争，我国资源将面临着很大的扼制的危险。共建“一带一路”，将新增大量有效的陆路资源进入我国的资源通道，这对于资源获取的多样化十分重要，更为国家资源的安全性提供了更高的保障。

从我国的能源空间分布格局来看，我国的工业和基础设施也集中于沿海，如果遇到外部的打击，整个中国就会瞬时失去核心设施。而在战略纵深更高的中部和西部地区，特别是西部地区，地广人稀工业少，还有很大的工业和基础设施发展潜力。因此，通过“一带一路”加大对西部的开发，将有利于战略纵深的开拓和国家安全的强化。

二、战略过程

（一）丝路经济带的提出与倡导

进入21世纪以来，外交部欧亚司在探索上海合作组织平台的基础上，一直打算将沿线相关国家提出的一系列合作倡议整合起来，逐渐形成了建设新丝绸之路的想法，这一想法在中共十八大后受到中央领导特别是习近平主席的高度重视。2013年9月，习近平总书记在哈萨克斯坦纳扎尔巴耶夫大学作重要演讲，提出了共同建设“丝绸之路经济带”，将其作为一项造福沿途各国人民的大事业。习近平总书记指出，古丝绸之路2000多年的交往历史证明，只要坚持团结互信、平等互利、包容互鉴、合作共赢，不同种族、不同信仰、不同文化背景的国家就完全可以共享和平，共享发展。为了使欧亚各国经济更加紧密，相互合作更加深入、发展空间更加广阔，我们要用创新的合作模式，共同建设“丝绸之路经济带”。在丝绸之路经济带的影响下，以点带面，从线到面，逐步形成区域大合作。总统哈萨克斯坦在致辞中表示，完全赞同习近平主席提出的“丝绸之路经济带”的战略构想，愿同中方加强经济、交通、人文互联互通，共同构筑新的丝绸之路。

（二）21世纪海上丝绸之路的提出与倡导

2013年10月，习近平总书记在印度尼西亚国会发表演讲时提出，东南亚地区自古以来就是“海上丝绸之路”的重要枢纽，中国愿同东盟国家发展好海洋合作伙伴关系，共同建设“21世纪海上丝绸之路”。习近平主席指出，中国和东盟国家山水相连，血脉相亲。中国和东盟关系正站在新的历史起点上，中方愿同印度尼西亚和其他东盟国家共同努力，使双方成为兴衰相伴、安危与共、同舟共济的好邻居、好朋友、好伙伴，携手建设更加紧密的中国—东盟命运共同体。并提出要在坚持讲信修睦、坚持合作共赢、坚持守望相助、坚持心心相印、坚持开放包容五个方面做出努力。此外，还强调中国将坚定不移地走和平发展道路，坚定不移地奉行独立自主的外交政策，坚定不移地奉行互利共赢的开放战略。中国愿继续同东盟、同亚洲、同世界分享经济社会发展的机遇。

（三）“一带一路”战略的提出与倡导

2013年11月，中共十八届三中全会通过的《中共中央关于全面深化改革若干重大问题的决定》明确指出：“加快同周边国家和区域基础设施互联互通建设，推进丝绸之路经济带、海上丝绸之路建设，形成全方位开放新格局。”

2014年“两会”期间，李克强总理在作《政府工作报告》介绍2014年重点工作时指出，将“抓紧规划建设丝绸之路经济带、21世纪海上丝绸之路，推进孟中印缅、中巴经济走廊建设，推出一批重大支撑项目，加快基础设施互联互通，拓展国际经济技术合作新空间”。

2014年11月，习近平主席在中央财经领导小组第八次会议上强调，丝绸之路经济带和21世纪海上丝绸之路倡议顺应了时代要求和各国加快发展的愿望，提供了一个包容性更大的发展平台，具有深厚的历史渊源和人文基础，能够把加速发展的中国经济同沿线国家的利益结合起来。同时提出，要研究丝绸之路经济带和21世纪海上丝绸之路规划、发起建立亚洲基础设施投资银行和设立丝路基金，推进“一带一路”建设。

2014年12月2日，中共中央、国务院关于印发了《丝绸之路经济带和21世纪海上丝绸之路建设战略规划》（中发［2014］14号）的通知，成为各级政府参与“一带一路”建设的重要纲领性指导文件。

2015年3月5日，国务院总理李克强在《政府工作报告》中介绍2015年重点工作时提出，要“构建全方位对外开放新格局，推进丝绸之路经济带和21世纪海上丝绸之路合作建设，加快互联互通、大通关和国际物流大通道建设”。

（四）“一带一路”战略的全面推行

在博鳌亚洲论坛2015年年会上，习近平主席呼吁各国积极参与“一带一路”建设。2015年3月28日，在2014年《丝绸之路经济带和21世纪海上丝绸之路建设战略规划》的基础上，中国政府发布《推动共建丝绸之路经济带和21世纪海上丝绸之路的愿景与行动》（简称《愿景与行动》），明确了“一带一路”的共建原则、框架思路、合作重点、合作机制等。《愿景与行动》指出，共建“一带一路”是中国的倡议，也是中国与沿线国家的共同愿望。站在新的起点上，中国愿与沿线国家一道，以共建“一带一路”为契机，平等协商，兼顾各方利益，反映各方诉求，携手推动更大范围、更高水平、更深层次的大开放、大交流、大融合。“一带一路”建设是开放、包容的，欢迎世界各国和国际、地区组织积极参与。

2016年3月，国家“十三五”规划纲要正式发布，“推进‘“一带一路”’建设”成为其中的专门一章。规划纲要指出，推进“一带一路”建设要秉持亲诚惠容，坚持共商共建共享原则，开展与有关国家和地区多领域互利共赢的务实合作，打造陆海内外联动、东西双向开放的全面开放新格局；围绕政策沟通、设施联通、贸易畅通、资金融通、民心相通，健全“一带一路”双边和多边合作机制；推动中蒙俄、中国—中亚—西亚、中国—中南半岛、新亚欧大陆桥、中巴、孟中印缅等国际经济合作走廊建设，推进与周边国家基础设施互联互通，共同构建连接亚洲各次区域以及亚欧非之间的基础设施网络。

2016 年 8 月，习近平主席在推进“一带一路”建设工作座谈会上，进一步提出了 8 项要求。习近平主席强调，总结经验、坚定信心、扎实推进，聚焦政策沟通、设施联通、贸易畅通、资金融通、民心相通，聚焦构建互利合作网络、新型合作模式、多元合作平台，聚焦携手打造绿色丝绸之路、健康丝绸之路、智力丝绸之路、和平丝绸之路，以“钉钉子”精神抓下去，一步一步把“一带一路”建设推向前进，让“一带一路”建设造福沿线各国人民。

为了进一步推进“一带一路”沿线国家战略合作与交流，中国政府提出在 2017 年举行“一带一路”国际合作高峰论坛。2016 年 6 月，习近平主席在乌兹别克斯坦议会演讲中做了宣布举行“一带一路”国际合作高峰论坛的谋划。12 月初，王毅外长在 2016 年国际形势与中国外交研讨会开幕式上表示，我们要精心筹备“一带一路”国际合作高峰论坛。这将是 2017 年中国主场外交的重头戏。2017 年举行的“一带一路”国际合作高峰论坛，将有望从国家层面系统评估过去 4 年“一带一路”倡议的理论和实践，积极回应国内外的疑虑。

三、战略使命与战略目标

（一）战略使命

第一，探索世界经济新型发展之路。“一带一路”是在全球化即美国化、西方化影响减弱的情况下，作为世界经济增长火车头的中国，将自身的产能优势、技术与资金优势、经验与模式优势转化为市场与合作优势的结果，是中国全方位开放的结局。中国通过“一带一路”建设与相关国家分享中国改革发展红利，也带去中国发展的经验和教训，着力推动沿线国家间实现合作与对话，建立更加平等均衡的新型全球发展伙伴关系，夯实世界经济长期稳定发展的基础。

第二，推动世界经济的新型融合发展。传统全球化是伴随着海洋经济的兴起而带动陆海经济融合发展的。沿海地区、海洋国家先发展起来，陆上国家、内地则较落后，形成了巨大的贫富差距。传统全球化由欧洲开辟，由美国发扬光大，形成了国际秩序的“西方中心论”，导致“东方不亮西方亮”、农村从属于城市、陆地从属于海洋等一系列负面效应。如今，“一带一路”正在推动全球再平衡。“一带一路”鼓励向西开放，带动西部开发以及中亚、蒙古等内陆国家的开发，在国际社会推行全球化的包容性发展理念；同时，“一带一路”是中国主动向西推广中国优质产能和比较优势产业，将使沿途、沿岸国家首先获益，也改变了历史上中亚等丝绸之路沿途地带只是作为东西方贸易、文化交流的过道而成为“发展洼地”的面貌。这就超越了欧洲人所开创的全球化造成的贫富差距、地区发展不平衡，推动建立持久和平、普遍安全、共同繁荣的和谐世界。

第三，开创21世纪各国交流合作的新模式。“一带一路”作为全方位对外开放战略，正在以经济走廊理论、经济带理论、21世纪的国际合作理论等创新经济发展理论、区域合作理论、全球化理论，推动我国与世界各国展开多维度的交流和合作。“一带一路”强调共商、共建、共享原则，超越了“马歇尔计划”、对外援助以及“走出去”战略，给21世纪的国际合作带来新的理念。例如，“经济带”概念就是对地区经济合作模式的创新，其中经济走廊—新亚欧大陆桥、中蒙俄、中国—中亚—西亚、中国—中南半岛等国际经济合作走廊，以经济增长极辐射周边，超越了传统发展经济学理论。“丝绸之路经济带”的概念，不同于历史上所出现的各类“经济区”与“经济联盟”，同以上两者相比，经济带具有灵活性高、适用性广以及可操作性强的特点，各国都是平等的参与者，本着自愿参与、协同推进的原则，发扬“和平合作、开放包容、互学互鉴、互利共赢”的丝绸之路精神。正如《推动共建丝绸之路经济带和21世纪海上丝绸之路的愿景与行动》中所指出的，“共建‘一带一路’旨在促进经济要素有序自由流动、资源高效配置和市场深度融合，推动沿线各国实现经济政策协调，开展更大范围、更高水平、更深层次的区域合作，共同打造开放、包容、均衡、普惠的区域经济合作架构。共建‘一带一路’符合国际社会的根本利益，彰显人类社会共同理想和美好追求，是国际合作以及全球治理新模式的积极探索，将为世界和平发展增添新的正能量。”

（二）战略目标

“一带一路”中提出的从利益共同体到命运共同体，宣示着中国在“走出去”的过程中，不会像西方发达国家走出去那样予取予夺，仅仅考虑自身的利益最大化，而是同时照顾到对方的利益和彼此之间的共同利益。中国“走出去”的出发点是善意的，不是恶意的。因此，“一带一路”不能简单地理解为平面的“贸易”，它更着眼于立体的产业链、价值链的分工上。也就是说，通过“一带一路”战略的展开各方面的合作，既要实现规模效益，又要注意利益分享。贯彻执行“一带一路”战略，中国要在“共同体”内，建立立体的产业链分工和价值链分配，构筑完整而稳定的体系。

从战略目标上来看，“一带一路”是“一个包容性巨大的发展平台”，是新形势下中国推进对外开放和统筹国内发展的总体构想。它着眼于弘扬古丝绸之路大陆方向国家各领域的互利合作，是新形势下中国推进对外合作的总体构想。该战略的出发点是希望实现沿线各国的共同发展和共同繁荣，强调的是共商、共建、共享的平等互利方式，致力于打造区域经济合作架构。“一带一路”战略的具体目标如下：

第一，形成互利共赢、多元平衡、安全高效的开放型经济体系。在基础设施建设方面，以互联互通为关键和抓手，近期应规划实施一批交通基础设施重点项目，远期与沿线国家的六条战略大通道基本建成。在经贸合作方面，重点推进机制建设、自贸区谈判、跨境经济合作区建设及毗邻区规划编制，市场开放度和贸易便利化、标准化程度大大提高，逐步扩大我国与沿线国家的贸易总额。在产业投资方面，重点建设一批工业开发区、产业园区和农业示范园区，逐步扩大我国对沿线国家的直接投资总额；能源资源合作方面，重点建设一批油气、火电、水电、核电及矿产项目，逐步扩大自“一带一路”沿线国家进口石油、天然气的数量，提高能源安全保障水平，增强我国战略主动性和抗风险性能力。在金融合作方面，加快建设亚洲基础设施投资银行、丝路基金、上海合作组织开发银行和金砖国家开发银行，设立亚洲债券基金，建设亚洲信用体系研究中心，并使之发挥积极作用，未来十年争取与沿线国家和地区达成本币互换协议和本币结算协议，争取人民币成为沿线主要国家的储备货币。

第二，打造区域联动、陆海开放、内联外通的区域一体化新格局。加强东中西互动合作，全面提升开放型经济水平；构建丝绸之路经济带核心区和向西开放新高地，构建面向东南亚、南亚开放桥头堡和重要门户；发挥沿海地区的龙头引领作用，构建海上合作战略支点，建设海上丝绸之路排头兵和主力军；发挥内陆腹地的战略支撑作用，打造一批内陆型经济开放高地；开放型经济新体制建设方面，构建“引进来”与“走出去”互动并进、合作共赢的开放型经济新格局，向西开放、海洋强国建设取得成功，以我为主的亚太自贸区和“一带一路”区域经济一体化新态势基本建立，沿线国家形成共同发展、共同繁荣的利益共同体和命运共同体。

第三，形成西进、南下、北上、东拓的外交互动布局。增进与沿线国家特别是周边国家的政治互信和睦邻友好，逐渐做大我国在沿线国家全方位的影响力和控制力，增强我国外交软实力和硬实力，提高我经略周边的能力，扩大我国安全战略的回旋空间，维护我国国家主权、安全、发展利益，实现西进、南下、北上、东拓的总体外交布局，形成更为开放、更为包容、更为信任、更为亲和的新的地缘政治经济关系，确立我国新型大国地位，展示负责任大国形象，提升在全球治理结构中的话语权和影响力。西进即增强与上海合作组织国家的关系，特别是与中亚国家的关系；南下即扩大与东盟的合作，处理好与印度的双边关系；北上即获取俄罗斯的战略合作；东拓即建立中美新型大国关系，消除日本的疑虑和干扰。

第四，形成相互尊重、彼此交融、竞相绽放、真心交流的全方位文化交流格局。充分展示中华文化的独特魅力，全面传播当代中国价值观的核心理念，弘扬和传承丝绸之路友好合作精神，精心打造中外文化交流的品牌，努力搭建促进中外文化交流的长效机制，加强我国与沿线国家在教育、文化、旅游、体育、卫生、科技等领域开展全方位的人文交流合作，讲好中国故事，传播好中国声音，阐释好中国特色，提高中国国际话语权和影响力，提升国家文化软实力和硬实力，形成中华文化“走出去”的整体合力，占领世界文化的制高点，促进人类各种文明之花竞相绽放，让相互尊重、平等包容的理念深入人心，使你中有我、我中有你的命运共同体意识深深扎根，使沿线国家广大民众成为“一带一路”战略的坚定支持者、积极建设者和真正受益者，为深化我国与沿线国家的全面合作奠定坚实的文化基础和民意基础。

第五，形成共筑、共建、共赢、共享的沿线地区安全之路。除传统的军事领域交流合作之外，在信息、灾害、食品、航道、环境保护、公共卫生、跨国犯罪、恐怖袭击等非传统安全领域，努力开展国际合作，搭建地区安全合作新架构，提升提供国际公共产品和服务的能力。近期要维护好国家能源安全，满足反恐战略需要；远期要增强和巩固我国在沿线国家的地缘政治优势，从根本上破除追求霸权主义、强权政治和武力至上的旧安全观，积极宣传和践行我国倡导的共同、综合、合作、可持续的新安全观，建立“一带一路”沿线国家安全对话机制，构建安全合作模式与架构，建立与主要沿线国家的安全合作新方式与新机制，求同存异，凝聚共识，共同担当起维护沿线地区和平与发展的重任，通过合作满足成员国传统领域和非传统领域的安全需要，保障沿线各国的持久安全，推动相关国家形成责任共同体，努力走出一条共建、共享、共赢的沿线地区安全之路。

四、核心主题

（一）加强政策、经济与文化的交流与合作

第一，加强政策的沟通与互信共识。进一步推进政府之间加强合作，积极构建多层次政府间宏观政策沟通交流机制，深化利益融合，促进政治互信，达成合作新共识。“一带一路”战略实施将政策沟通放在首位，是由于政策沟通具有重大的意义。

首先，进一步增强政治互信，维护沿线国家的和谐稳定。“丝绸之路经济带”穿越亚欧数十个国家，辐射的面积十分广泛。倡议不仅有发展方向，也必然有一个发展路径。如何实现中国与沿线国家多边制度性合作，需要一系列客观的前提条件。沿着经济理念进行分析的发展路径，如何实现中国与欧亚地区的深度合作，还需要各国民众在文化、民族、宗教、历史、社会等领域的多重认同。从当前的发展态势看，这正是中国提出“五通”的基本动因。

其次，规则方面的政策沟通。“丝绸之路经济带”提倡的是通过双边合作或者小多边合作而建立起结构松散、包容性强、结伴但不结盟的共生体系，没有任何组织框架，并以政府间的合作为主要推动力。目

前，中国与“丝绸之路经济带”沿线国家的政策沟通更多集中在一些基本政策信息的互通互知、具体项目层面上，远未深入到法律法规和政策协调的核心层面。

再次，沿线国家发展战略对接合作的政策沟通，其目的是寻找彼此发展战略中的共同点，并在此基础上制定合作规划。沿线国家均制定了本国发展战略，都具有顶层设计、从本国发展实际出发、结合当前国际和地区形势制定的特点，其大多数内容为国内发展战略，如道路基础设施建设等，因此，实现国家发展战略对接需要高层的政策沟通，具体制定战略部门的沟通和协调，就战略对接的内容、方向、具体项目等进行沟通，寻求利益共同点，确保战略对接利益最大化。但是，战略对接必然涉及利益的让渡，因此，中国首先倡导“正确的义利观”，其目的就在于此。在此问题上，政策沟通顺畅，战略对接才会进展顺利。

此外，国际主张，即关于重大国际问题，如就尊重主权、国际反恐、颜色革命、气候变化、边界争端等问题进行政策沟通。“丝绸之路经济带”秉承的是共建原则，多数沿线国家关注主权和领土是否会受到侵害，因此，共建中应该遵守“和平共处五项原则”，即尊重各国主权和领土完整、互不侵犯、互不干涉内政、和平共处、平等互利。

最后，合作理念，就是寻找共同的全球治理理论和模式，适应当前国际新环境新秩序需求，如协商一致或超国家模式，互利双赢，结伴不结盟，尊重联合国等。显然，在这种合作理念和基本原则的促动下，需要创新合作模式，不能再单纯依靠区域经济合作，或是传统区域合作组织等模式，而是需要更具包容力和想象力的合作模式。中国作为世界第2大经济体，在合作中更需要重视与沿线国家的经济优势互补、地区利益共享、发展理念趋近等方面的问题，在此基础上进行贸易和投资便利化，才更容易获得沿线国家的理解和支持。

第二，加强经济的全方位交流与合作。主要包括贸易畅通、资金融通、设施联通三个方面。

在贸易畅通上，沿线国家应加强信息互换、监管互认、执法互助的海关合作，以及检验检疫、认证认可、标准计量、统计信息等方面的双多边合作，推动世界贸易组织《贸易便利化协定》的生效和实施。拓宽贸易领域，优化贸易结构，创新贸易方式，建立健全服务贸易促进体系，巩固和扩大传统贸易，大力发展现代服务贸易。把投资和贸易有机结合起来，以投资带动贸易发展。加快投资便利化进程，消除投资壁垒。拓展相互投资领域，开展农林牧渔业、农机及农产品生产加工等领域深度合作，大煤炭、油气、金属矿产等传统能源资源勘探开发合作。推动新兴产业合作，按照优势互补、互利共赢的原则，促进沿线国家加强在新一代信息技术、生物、新能源、新材料等新兴产业领域的深度合作，推动创业投资合作机制的建立。优化产业链分工布局，推动上下游产业链和关联产业协同发展，提升区域产业配套能力和综合竞争力。扩大服务业相互开放，推动区域服务业加快发展。探索投资合作新模式——产业集群发展。并在投资贸易中突出生态文明理念，加强生态环境、生物多样性和应对气候变化合作，共建绿色丝绸之路。欢迎各国企业来华投资。鼓励本国企业参与沿线国家基础设施建设和产业投资。

资金融通上，深化金融合作，推进亚洲货币稳定体系、投融资体系和信用体系建设。加强金融监管合作，推动签署双边监管合作谅解备忘录，逐步在区域内建立高效监管协调机制。

在设施联通上，在尊重相关国家主权和安全关切的基础上，沿线国家较强基础设施建设规划、技术标准体系的对接，共同推进国际骨干通道建设，逐步形成连接亚洲各次区域以及亚欧非之间的基础设施网络。抓住交通基础设施的关键通道、关键节点和重点工程，优先打通缺失路段，畅通瓶颈路段，配套完善道路安全防护设施和交通管理设备设施，提升道路通达水平。加强能源基础设施互联互通合作，共同维护输油、输气管道等运输通道安全，推进跨境电力与输电通道建设，积极开展区域电网升级改造合作。共同推进跨境光缆等通信干线网路建设，提高国际通信互联互通水平，畅通信息丝绸之路。

第三，加强文化的交流和共同认知。在民心相通上，传承和弘扬丝绸之路友好精神，广泛开展文化交流、学术往来、人才交流合作、旅游合作、科技合作、媒体合作、青年和妇女交往、志愿服务、沿线国家民间组织合作等，为深化双多边合作奠定坚实的民意基础。

（二）推进多边合作机制的建立

加强双边合作，开展多层次、多渠道沟通磋商，推动双边关系全面发展。推动签署合作备忘录或合作规划，建设一批双边合作示范。建立完善双边联合工作机制，研究推进“一带一路”建设的实施方案、行动路线图。充分发挥现有联委会、管理委员会等双边机制的作用，协调推动合作项目实施。强化多边合作机制作用，发挥上海合作组织（SCO）、中国—东盟“10＋1”、亚太经合组织（APEC）、亚欧会议（ASEM）、亚洲合作对话（ACD）、亚信会议（CICA）、中阿合作论坛、中国—海合会战略对话、大湄公河次区域（GMS）经济合作、中亚区域经济合作（CAREC）等现有多边合作机制作用，相关国家加强沟通，让更多国家和地区参与“一带一路”建设。继续发挥沿线各国区域、次区域相关国际论坛、中国—东盟博览会、中国—亚欧博览会、欧亚经济论坛、中国国际投资贸易洽谈会，以及中国—南亚博览会、中国—阿拉伯博览会、中国西部国际博览会、中国—俄罗斯博览会、前海合作论坛等平台的建设性作用。支持沿线国家地方、民间挖掘“一带一路”历史文化遗产，联合举办专项投资、贸易、文化交流活动，办好丝绸之路（敦煌）国际文化博览会、丝绸之路国际电影节和图书展。推进“一带一路”国际高峰论坛的举办和执行，促进“一带一路”重大合作机制的建立。

（三）促进中国各地大开放战略的形成

推进“一带一路”建设，中国将充分发挥国内各地区的比较优势，实行更加积极主动的开放战略，加强东中西互动合作，全面提升开放型经济水平。西北、东北地区。发挥新疆独特区位优势和向西开放重要窗口作用，陕西、甘肃综合经济文化和宁夏、青海民族人文优势，内蒙古联通俄蒙的区位优势，完善黑龙江对俄铁路通道和区域铁路网，以及黑龙江、吉林、辽宁与俄远东地区陆海联运合作。西南地区。发挥广西与国家陆海相邻的独特优势，发挥云南区位优势，推动西藏与尼泊尔等国家边境贸易和旅游文化合作。沿海港澳台地区。利用长三角、珠三角、海峡西岸、环渤海等经济区开放程度高、经济实力强、辐射带动作用大的优势，加快推进中国（上海）自由贸易试验区建设，支持福建建设21世纪海上丝绸之路核心区。充分发挥深圳前海、广州南沙、珠海横琴、福建平潭等开放合作区作用，深化与港澳台合作。内陆地区。利用内陆纵深广阔、人力资源丰富、产业基础较好的优势，依托长江中游城市群、成渝城市群、中原城市群、呼包鄂榆城市群、哈长城市群等重点区域，推动区域互动合作和产业集聚发展，打造重庆西部开发开放重要支撑和俄罗斯伏尔加河沿岸联邦区的合作。

（四）促进沿线国家的互尊互信互帮、共建共赢共享

中国政府积极推动“一带一路”建设，加强与沿线国家的沟通磋商，推动与沿线国家的务实合作，实施了一系列政策措施，包括高层引领推动、签署合作框架、推动项目建设、完善政策措施、发挥平台作用等，从而努力收获早期成果。共建“一带一路”是中国的倡议，也是中国与沿线国家的共同愿望。站在新的起点上，中国愿与沿线国家一道，以共建“一带一路”为契机，平等协商，兼顾各方利益，反映各方诉求，携手推动更大范围、更高水平、更深层次的大开放、大交流、大融合。“一带一路”建设是开放的、包容的，欢迎世界各国和国际、地区组织积极参与。共建“一带一路”的途径是以目标协调、政策沟通为主，不刻意追求一致性，可高度灵活，富有弹性，是多元开放的合

作进程。中国愿与沿线各国一道，不断充实完善“一带一路”的合作内容和方式，共同制定时间表、路线图，积极对接沿线国家发展和区域合作规划。中国愿与沿线国家一道，在既有双边和区域次区域合作机制框架下，通过合作研究、论坛展会、人员培训、交流访问等多种形式，促进沿线国家对共建“一带一路”内涵、目标、任务等方面的进一步理解和认同。中国愿与沿线国家一道，稳步推进示范项目建设，共同确定一批能够照顾到双、多边利益的项目，对各方认可、条件成熟的项目抓紧启动实施，争取早日开花结果。“一带一路”是一条互尊互信之路，一条合作共赢之路，一条文明互鉴之路。只要沿线各国和衷共济，相向而行，就一定能够谱写出建设丝绸之路的新篇章，让沿线各国人民共享“一带一路”的共建成果。

五、国际与国内参与

根据《愿景与行动》，“一带一路”旨在促进经济要素有序自由流动、资源高效配置和市场深度融合，推动开展更大范围、更高水平、更深层次的区域合作，共同打造开放、包容、均衡、普惠的区域经济合作架构。这表明，中国期望在符合当前世界发展趋势的前提下更深入地融入全球经济体系，并在引领世界经济发展中发挥更积极的作用。但是，“一带一路”框架包含了与以往经济全球化完全不同的理念，即“和平合作、开放包容、互学互鉴、互利共赢”，而且强调了“共商、共建、共享”的原则。总体上，“一带一路”战略可以简单地用“一个核心理念”（和平、合作、发展、共赢）、“五个合作重点”（政策沟通、设施联通、贸易畅通、资金融通、民心相通）和“三个共同体”（利益共同体、命运共同体、责任共同体）来表达。

根据《愿景与行动》，共建“一带一路”是中国的倡议，也是中国与沿线国家的共同愿望。中国愿与沿线国家一道，以共建“一带一路”为契机，平等协商，兼顾各方利益，反映各方诉求，携手推动更大范围、更高水平、更深层次的大开放、大交流、大融合。从“一带一路”战略提出到现在，国际上的很多地区、国内的很多省份都积极参与建设。因此，下面就从国际与国内两个方面进行分析。

（一）国际参与

“一带一路”战略是更为主动的开放性政策，该战略有助于构建全方位对外开放的新格局和国际合作新架构。“一带一路”既涉及西欧、日韩等发达国家，也涉及中亚、东欧等原苏东国家，同时还涉及南亚、西亚、非洲等第三世界国家。截至目前，已有60多个国家，40多亿人口表态愿意参与“一带一路”建设。

第一，“一带一路”深化与亚洲国家的合作。自2015年7月21日，“一带一路”建设推进工作会议正式划定新亚欧大陆桥、中蒙俄、中国—中亚—西亚、中国—中南半岛、中巴、孟中印缅六大国际经济走廊作为今后“一带一路”的重点推进方向。“一带一路”框架下的区域经济合作即围绕“六大国际经济走廊”的区域经济合作，是融合了“点”对“点”“点”对“线”“点”对“面”“带”与“路”“圈”与“线”等多个空间层次在内的多元化合作机制的复合体。该复合体涵盖了功能性、制度性、战略性的多元化合作意愿和需求动机，囊括了不同的种族、民族、文化、宗教、政治制度、经济体制和价值观念。通过该复合体有助于发挥亚洲各国的区域合作，有利于发挥中国资金、技术、人才、产业等方面的优势，有利于推进与周边国家在基础设施建设、能源、实体经济发展等方面的合作，有利于增强中国经济对周边的影响力。正如习近平主席在亚信会议上指出：“中国将同亚洲各国一道，加快推进丝绸之路经济带和21世纪海上丝绸之路建设，尽早启动亚洲基础设施投资银行，更加深入参与区域合作进程，推动亚洲发展和安全相互促进、相得益彰。”

第二，“一带一路”拓展中欧合作的空间。2014年3月，习近平主席在欧洲出访中提出，中德位于丝绸之路经济带的两端，是亚欧两大经济体的增长极，两国应该加强合作，推进丝绸之路经济带建设。随后中欧发布的《关于深化互利共赢的中欧全面战略伙伴关系的联合声明》指出，商谈并完成这一涵盖投资保护和市场准入的全面中欧投资协定，并在条件成熟时签订全面深入的自贸协定。中欧经济合作的巩固有利于提升中国在欧洲市场的地位。

第三，“一带一路”深化中阿之间的经贸合作。2014 年 6 月，习近平主席在中阿合作论坛上指出，弘扬丝路精神，深化中阿合作，通过经贸和投资基础措施，深化双方在能源开采和运输等领域的合作。因此，依托“一带一路”建设，通过实施更为主动的开放性政策，构建亚欧经济一体化发展的新机制，积极发挥中国在区域经贸合作中的作用，能够有效提升中国与欧洲、亚洲和非洲等地的国家和地区在人流、物流、资金流、文化流和商品流上的互动层次，促进丝绸之路沿线地区和国家间利益共同体的形成。

第四，“一带一路”深化中俄之间的经贸合作。俄罗斯认为“一带一路”的建设与上合组织和欧亚经济联盟的发展以及俄罗斯东部和北部地区的开发存在着诸多契合点。双方拥有巨大的合作潜力。中俄对共同建设“一带一路”达成共识，将丝绸之路经济带建设和欧亚经济联盟建设对接合作，双方将合作建设“陆上丝绸之路经济带”，与“海上丝绸之路经济带”南北呼应，构成“海上环形丝绸之路经济带”。这将极大地带动“一带一路”沿线和中俄东部毗邻地区经济社会的快速开发与振兴，推动中俄双边经贸合作的超常规发展。

第五，中国“一带一路”战略的实施有助于通过中美战略合作，共同提供一种地区性制度安排，维持该地区的和平与稳定，推动世界秩序的和平与稳定。对这一问题，习近平主席已在 2014 年 11 月的北京“习奥会谈”中做了明确而有力的阐述：“面对当前复杂多变的国际形势，中美应该合作、能够合作的领域更加广阔。中方愿同美方一道，承前启后、开创未来，把不冲突不对抗、相互尊重、合作共赢的原则落到实处，使中美新型大国关系建设更多更好地惠及两国人民和各国人民。”“中国提出的亚洲安全观、建立亚洲基础设施投资银行和丝路基金等主张和倡议都秉持开放包容原则，欢迎包括美国在内的有关国家积极参与。”

（二）国内参与

国内，“一带一路”规划圈几乎覆盖所有省份，但重点涉及18个省份，分别为西北六省区，包括内蒙古、新疆、甘肃、青海、陕西、宁夏；东北三省，包括黑龙江、吉林、辽宁；西南三省区，包括云南、广西、西藏；东南五省市，包括上海、福建、广东、浙江、海南以及内陆地区的重庆；另规划建设多个节点城市和多个沿海城市港口。而针对“一带一路”建设，不同地区和城市战略定位不同，所承担的作用也有所不同。

1. 西北、东北地区

新疆借助于其独特的区位优势和向西开放重要窗口作用，深化了与中亚、南亚、西亚等国家交流合作，形成丝绸之路经济带上重要的交通枢纽、商贸物流和文化科教中心，是丝绸之路经济带建设核心区。西北地区的核心城市通过其文化优势和民族特色资源，着力推进西安内陆型改革开放高地的建设，进一步加快了兰州、西宁开发开放建设，推进了宁夏内陆开放型经济试验区建设，形成面向中亚、南亚、西亚国家的通道、商贸物流枢纽、重要产业和人文交流基地。内蒙古依托联通俄蒙的区位优势，完善了黑龙江对俄铁路通道和区域铁路网，形成了黑龙江、吉林、辽宁与俄远东地区陆海联运合作机制，推进了北京—莫斯科欧亚高速运输走廊的建设，成为向北开放的重要窗口。

2. 西南地区

广西依托其与国家陆海相邻的独特优势，加快了北部湾经济区和珠江—江西经济带开放发展，构建了面向东盟区域的国际通道，打造西南、中南地区开放发展新的战略支点，形成21世纪海上丝绸之路与丝绸之路经济带有机衔接的重要门户。云南依托其连接南亚的区位优势，推进了与周边国家的国际运输通道建设，努力构建大湄公河次经济合作新高地，形成了面向南亚、东南亚的辐射中心。西藏与尼泊尔等国家边境贸易和旅游文化合作，推动了青藏高原区域与南亚国家的合作交流。

3. 内陆地区

内陆地区凭借其纵深广阔、人力资源丰富、产业基础较好优势，依托长江中游城市群、成渝城市群、中原城市群、呼包鄂榆城市群、哈长城市群等重点区域，推动了区域互动合作和产业集聚发展，促进了重庆西部开发开放重要支撑节点的形成和与俄罗斯伏尔加河沿岸联邦区的合作开展。中原地区建立了中欧通道铁路运输、口岸通关协调机制，打造了“中欧班列”品牌，建设沟通了与境内外、连接东中西的运输通道。国家支持郑州、西安等内陆城市建设航空港、国际陆港，加强了内陆口岸与沿海、沿边口岸通关合作，促进了跨境贸易电子商务服务试点与国外的合作交流。国家进一步了优化了内陆地区海关特殊监管区域布局，不断创新加工贸易模式，深化了与沿线国家的产业合作。

4. 沿海地区

长三角、珠三角、海峡西岸、环渤海等经济区依托开放程度高、经济实力强、辐射带动作用大的优势，加快推进了中国（上海）自由贸易试验区建设，促进了福建省建设21世纪海上丝绸之路核心区的建设步伐。深圳前海、广州南沙、珠海横琴、福建平潭等开放合作区，出台了对外开放的各项建设措施，深化了与港澳台、东南亚的合作。浙江海洋经济发展示范区、福建海峡蓝色经济试验区和舟山群岛新区等建设步伐进一步加快，促进了这些区域与21世纪海上丝绸之路国家的合作和交流。沿海地区进一步加强了上海、天津、宁波—舟山、广州、深圳、湛江、汕头、青岛、烟台、大连、福州、厦门、泉州、海口、三亚等沿海城市港口建设，强化了上海、广州等国际枢纽机场功能。沿海地区以扩大开放倒逼引领深层次的改革，创新了开放型经济体制机制，加大了科技创新力度，形成了参与和引领国际合作新优势，成为“一带一路”特别是21世纪海上丝绸之路建设的排头兵和主力军。香港、澳门特别行政区独特区位、资金和金融优势作用，积极参与和助力“一带一路”建设，有力地支撑了21世纪海上丝绸之路的建设。

六、战略推进

中国政府积极推动“一带一路”建设，不断加强与沿线国家的沟通磋商，推动与沿线国家的务实合作，实施了一系列政策措施。具体措施包括5个方面：

第一，高层引领推动。习近平主席、李克强总理等国家领导人先后出访20多个国家，出席加强互联互通伙伴关系对话会、中阿合作论坛第六届部长级会议，就双边关系和地区发展问题，多次与有关国家元首和政府首脑进行会晤，深入阐释“一带一路”的深刻内涵和积极意义，就共建“一带一路”达成广泛共识。

第二，签署合作框架。与部分国家签署了共建“一带一路”合作备忘录，与一些毗邻国家签署了地区合作和边境合作的备忘录以及经贸合作中长期发展规划。研究编制与一些毗邻国家的地区合作规划纲要。

第三，推动项目建设。加强与沿线有关国家的沟通磋商，在基础设施互联互通、产业投资、资源开发、经贸合作、金融合作、人文交流、生态保护、海上合作等领域，推进了一批条件成熟的重点合作项目。中国积极开展亚洲公路网、泛亚铁路网规划和建设，与东北亚，中亚、南亚及东南亚国家开通公路通道13条，铁路8条。此外，油气管道、跨界桥梁、输电线路、光缆传输系统等基础设施建设取得成果，其中日本—韩国—日本海—扎鲁比诺港—珲春—吉林—长春—白城—蒙古—俄罗斯—欧盟的高铁和高速公路规划最为重要，也最现实可行。

第四，完善政策措施。中国政府统筹国内各种资源，强化政策支持。推动亚洲基础设施投资银行筹建，发起设立丝路基金，强化中国—欧亚经济合作基金投资功能。推动银行卡清算机构开展跨境清算业务和支付机构开展跨境支付业务。积极推进投资贸易便利化，推进区域通关一体化改革。2014 年包括中国、印度、新加坡等在内的 21 个首批意向创始成员国的财长和授权代表在北京签约，共同决定成立亚洲基础设施投资银行。

第五，发挥平台作用。各地成功举办了一系列以“一带一路”为主题的国际峰会、论坛、研讨会、博览会，对增进理解、凝聚共识、深化合作发挥了重要作用。2015 年 5 月由西安交通大学发起，来自 22 个国家和地区的近百所大学先后加入的新丝绸之路大学联盟成立。同年 8 月，由国家网信办主办的“一带一路”网络文采活动在新疆维吾尔自治区和田洛浦县正式启动。10 月，中国 30 余个“一带一路”沿线城市在古都开封联合组建“一带一路”城市旅游联盟。2015 年，在清华大学成功举办了“一带一路”战略与大型企业“走出去”国际工程人才培养研讨会。12 月 31 日，在巴基斯坦驻华大使馆成功举行了“中巴经济走廊—2016 中国产能合作友好访问团”新闻发布会暨大型纪录片《巴铁》的启动仪式。

参考文献

[1] 常雪梅，程宏毅．国际社会积极评价习近平主席在推进“一带一路”建设工作座谈会上的重要讲话［N］．人民日报，2016－8－19（第 03 版）．

[2] 陈心同，胡洪林．习近平访哈萨克斯坦“一带一路”再提速［EB/OL］．http：//sd. people. com. cn/n/2015/0508/c172824－24783348. html，2015－5－8．

[3] 符仲明．“一带一路”战略与大型企业“走出去”研讨会在

京举办［EB/OL］. http：//www. ce. cn/xwzx/gnsz/gdxw/201512/03/t20151203_ 7300052. shtmll，2015 - 12 - 03.

［4］国家发展和改革委员会，外交部，商务部．推动共建丝绸之路经济带和21世纪海上丝绸之路的愿景与行动［N］. 人民日报，2015 - 03 - 29（第04版）.

［5］李克强．政府工作报告——2015年3月5日在第十二届全国人民代表大会第三次会议上［EB/OL］. http：//www. china. com. cn/cppcc/2015 - 03/17/content_ 35072578. htm，2015 - 03 - 17.

［6］李警锐，刘洁妍．“一带一路”中巴主题纪录片《巴铁》在京启动［EB/OL］. http：//world. people. com. cn/n1/2016/0105/c1002 - 28013742. html，2015 - 12 - 31.

［7］李童．“一带一路”建设工作领导小组成员亮相［EB/OL］. http：//news. xinhuanet. com/fortune/2015 - 02/02/c _ 127446817. htm，2015 - 02 - 02.

［8］刘慧，叶尔肯·吾扎提，王成龙．“一带一路”战略对中国国土开发空间格局的影响［J］. 地理科学进展，2015，34（5）：545 - 553.

［9］刘军涛．习近平在亚信第五次外长会议开幕式上的讲话［EB/OL］. http：//politics. people. com. cn/n1/2016/0428/c1024 - 28311946. html，2016 - 04 - 28.

［10］《人民日报》编辑部．关于深化互利共赢的中欧全面战略伙伴关系的联合声明［N］. 人民日报，2014 - 04 - 01（002）.

［11］《人民日报》编辑部．中华人民共和国国民经济和社会发展第十三个五年规划纲要［N］. 人民日报，2016 - 03 - 18（001）.

［12］孙力．“一带一路”愿景下政策沟通的着力点［J］. 新疆师范大学学报（哲学社会科学版），2016，（03）：33 - 39 + 2.

［13］新华网．习近平主持召开中央财经领导小组第八次会议［EB/OL］. http：//politics. people. com. cn/n/2014/1106/c70731 - 25989

646. html，2014 - 11 - 6.

[14] 新华社．推动共建丝绸之路经济带和21世纪海上丝绸之路的愿景与行动［EB/OL］．http：//world. people. com. cn/n/2015/0328/c1002 - 26764633. html，2015 - 3 - 28.

[15] 王发曾．从规划到实施的新型城镇化［J］．河南科学，2014，32（6）：919 - 924.

[16] 王炬鹏．中外46所高校成立“一带一路”高校联盟［EB/OL］．http：//www. ce. cn/xwzx/gnsz/gdxw/201510/17/t20151017 _ 6731737. shtml，2015 - 10 - 17.

[17] 习近平．关于《中共中央关于全面深化改革若干重大问题的决定》的说明［J］．求是，2015（22）：19 - 27.

[18] 杨丽娜，常雪梅．习近平在哈萨克斯坦纳扎尔巴耶夫大学发表重要演讲［N］．人民日报，2013 - 9 - 8（01）.

[19] 杨虞波罗，沈光倩．中国30余座“一带一路”沿线城市成立旅游联盟［EB/OL］．http：//finance. people. com. cn/n/2015/1017/c1004 - 27710076. html，2015 - 10 - 17.

[20] 易潇，许心怡．“一带一路”网络文化采风行动正式启动［EB/OL］．http：//culture. people. com. cn/n/2015/0825/c87423 - 27514033. html，2015 - 8 - 25.

[21] 袁勃，赵纲．习近平在印度尼西亚国会发表重要演讲［EB/OL］．http：//politics. people. com. cn/n/2013/1003/c1024 - 23101457. html，2013 - 10 - 03.

第五章

“一带一路”战略的中原行动

国家粮食生产核心区规划、中原经济区规划、郑州航空港经济综合实验区规划三大国家战略规划，赋予了河南前所未有的发展机遇和战略平台。三大战略规划实施以来，有的已进入规划中期，有的正处在全面加速阶段。在同一时期，一项贯穿我国改革、开放、发展的超级国家战略，一项惠及沿线国家和全球的国际战略——“一带一路”战略，横空出世。它以巨大的号召力和裹挟力很快在国际上得到广泛关注和认同，在国内掀起了各地区、各部门、各阶层的全面响应和积极行动。河南省作为有着深厚历史积淀和强劲发展潜力的中部大省，是“一带一路”战略的重要沿线省份。将河南省的三大国家战略规划与国家的“一带一路”战略进行协同和融合必将为河南省的发展打开更加广阔的天地。

一、行动的环境基础

（一）发展环境基础

“一带一路”战略是2013 年由习近平主席在哈萨克斯坦纳扎尔巴耶夫大学和印度尼西亚国会发表演讲时分别提出的“丝绸之路经济带”

和“21世纪海上丝绸之路”拉开序幕的。2015年3月28日，国务院发布了《推动共建丝绸之路经济带和21世纪海上丝绸之路的愿景与行动》（简称《愿景与行动》）。“一带一路”实质上是一项“丝路经济带战略”，旨在与沿线国家共建“21世纪陆上和海上丝绸之路经济带”。该战略是我国决策层大智慧的结晶，是我国现代化建设与世界和平发展的一项世纪伟业，宣示了我国的全球战略诉求。“一带一路”战略一经推出，便在国内引起了巨大反响，各沿线省市纷纷响应，创造了国内区域间共同主题的、难得的、协同共进的发展环境基础。

（二）区域整合基础

“一带一路”战略的确立打破了我国传统的空间发展格局。改革开放以来，我国执行了一项梯度开发战略，即“优先发展东部沿海地区，西部大开发，东北老工业基地振兴，中部地区崛起”，从而形成了“东中西三带加一东北区”即“三带一区”的国家空间发展格局。近年来，在强烈的增长与发展欲望的支配下，各省（区）内聚外联式的区域竞合普遍奉行“以我为中心”的发展思路。特别值得注意的是，2000年以来，各地区都迫切希望本地域的发展战略得到中央的认可，从而跻身为“国家战略”。这一趋势迅速发酵，使得中国境内涌现出大量名目繁多的经济区、城市群、实验区等地域综合体，几乎覆盖全域。“诸侯”林立的局面背后是这些地域综合体争建独立“山头”，而又几乎没有例外地走以己为中心、向周边扩张的发展路子。正是由于这种泛化的多核心模式，给我国现代化建设的整体布局带来了许多意想不到的困境。“三带一区”格局一直固守的国土内的空间梯度推进框架将被突破，单向扩展、双向组织的空间整合模式将被突破，城市—区域竞合的空间相互作用架构将被突破。陆上和海上丝路经济带的空间联系，以东西双向为主、南北双向为辅，而局部地段的空间组织将呈现出明显的多方向。这种“双向联系、多向组织”的空间整合必然是多边多赢、全线开花。展望未来：“一带一路”的东西走向与“三带一区”的南北走向叠加、交织而成的网络将引导国家内聚；该网络覆盖中国全域，并在东西南北方向与陆上海上有重点、有选择地进行国际外联；中国未来又一个30年或更长时期的发展，将在“网络式内聚外联格局”中波澜壮阔地展开。由此，也形成了河南省三大国家战略规划与“一带一路”战略协同发展的区域整合基础。

（三）内部响应基础

河南省在各层面对“一带一路”战略的迅速响应引人瞩目。2014年12月25日（在《愿景与行动》公布前三个月），中共河南省委九届八次全会通过的《河南省全面建成小康社会加快现代化建设战略纲要》就提出，要全面融入国家“一带一路”战略。一年以后，2015年12月1日，河南省发展和改革委在省委、省政府的授权下正式发布了《河南省参与建设丝绸之路经济带和21世纪海上丝绸之路实施方案》（以下简称《实施方案》）。在这一时期，我国省级正式颁布的类似方案目前还很少，因此河南省的《实施方案》就有了全国性的意义。2015年12月27日闭幕的中共河南省委九届十一次全会再次强调，“十三五”期间，河南省要全面融入国家“一带一路”建设，这标志着，河南行动已经落实到五年规划的实务层面，东联西进、贯通全球、构建枢纽的建设大幕由此拉开。2016年10月31日，河南省第十次党代会工作报告中指出：“深度融入国家‘一带一路’建设。聚焦政策沟通、设施联通、贸易畅通、资金融通、民心相通，加快实施航空、铁路国际国内‘双枢纽’战略，提升郑州、洛阳主要节点城市辐射带动作用，推动跨省域基础设施协同共建和高效衔接，建设空中丝绸之路、陆上丝绸之路和网上丝绸之路。”这意味着，河南省参与“一带一路”建设的步伐进一步加快。

（四）自身条件基础

近些年，河南省发展观念深度更新，战略举措层级提升，综合经济实力显著增强，开放型经济的发展态势高度契合“一带一路”战略。2015年5月10日，习近平总书记在河南考察时特别强调，河南要建成连通境内外、辐射东中西的物流通道枢纽，为丝绸之路经济带建设做出更大的贡献。河南省要牢牢把握国家战略机遇，贯通政策、联通设施，从自身优势出发，充分利用区位条件，建设内陆开放高地；畅通贸易、融通资金，提升在全国乃至全球合作分工体系中的战略地位；沟通民心，汇通文化，打造丝绸之路经济带人文交流核心区。

在区位联系上，河南应该是丝绸之路经济带发挥重要作用的综合交通枢纽和陆桥经济走廊互联互通互动的重要平台；在经贸合作上，河南应该是丝绸之路经济带的物流商贸中心和我国重要的对外开放高地；在文化交流上，河南应该是传承丝绸之路文明的主要舞台和传播古今丝绸之路文化的重要阵地。河南参与建设“一带一路”，以发挥优势、主动融入、服务大局为宗旨，把实施粮食生产核心区、中原经济区、郑州航空港经济综合实验区三大国家战略规划纳入到“一带一路”框架内。努力推动基础设施、能源资源、金融保障、经贸产业、人文交流等各领域的筹划与协作，构筑对外开放的全新大格局，形成我国内陆腹地支撑“一带一路”的“中原板块”。

二、融入途径

要实现“一带一路”战略的河南承担，必须找准融入的路径并坚持不懈地开拓、开畅，路径的建设应该成为今后许多年的常态。在新型城镇化与深化改革开放的大背景下，河南省融入“一带一路”战略的途径有以下方面：

（一）以内陆开放型经济高地为目标，组建大郑州都市区

“大郑州都市区”也可叫作“郑州大都市区”，其内涵是一致的。“组建大郑州都市区”是河南省三大国家战略规划与“一带一路”战略协同发展和融合的重点路径，也是为“一带一路”打造内陆战略支柱的重要举措。组织、建设“大郑州都市区”，是河南立足科学发展、融入“一带一路”战略的重要途径。“大郑州都市区”既可以成为中原经济区的强大发展引擎，同时也可成为三化协调、四化同步、五化协同的示范区。为了实现中原经济区成为全国重要的经济增长板块的设想，并为“一带一路”打造郑州内陆开放型经济高地，必须发挥郑州的核心带动效应，进一步加强郑州与周边毗邻城市的高效联系，发挥“多星联动”效应，以城市集群的整合力量参与“一带一路”的国际竞争与合作。

在这个问题上，中央持积极的肯定态度。中共十八届五中全会形成的《中共中央关于制定国民经济和社会发展第十三个五年规划的建议》肯定了城市群的辐射带动作用，并将中原地区列在仅次于京津冀、长三角、珠三角三大城市群之后，与东北、长江中游、成渝、关中等地区并列发展城市群的优先位次。2016 年 12 月，国家发改委印发《中原城市群发展规划》，标志着中原城市群正式跻身七大国家级城市群。规划肯定了郑州的核心带动作用，并提出推进大都市区国际化发展。把支持郑州建设国家中心城市作为提升城市群竞争力的首要突破口，强化郑州对外开放门户功能，提升综合交通枢纽和现代物流中心功能，集聚高端产业，完善综合服务，推动与周边毗邻城市的融合发展，形成带动周边、辐射全国、联通国际的核心区域。

其建设既要总体谋划又要分步设计，不能急于求成或久拖不决。放眼未来 30 年，顶层设计如下：

2020 年前后，在多年郑汴一体化发展与郑、汴新区建设的基础

上，借郑州航空港经济综合实验区与郑州都市区之强势，坚定不移地建设“大郑州都市区”，即建成包括郑州与开封全域的“郑汴都市区”，形成中原地区的“核心增长极”，为“一带一路”提供有力的极点支撑。

图 5-1 2020 年前后的大郑州都市区

2030 年前后，在多年陇海沿线开发建设的基础上，还要借中原副核心城市洛阳与沿线工业城镇之力，发挥洛—郑—汴工业走廊的产业优势，建设“大郑州都市带”，即“郑汴洛都市带”，并沿陇海线向西向东延伸，形成中原地区的“核心增长轴”，为“一带一路”提供坚实的轴带支撑。

2030 年前后，在多年沿黄经济带开发建设的基础上，以城市新区、产业集聚区、郑洛新国家自主创新示范区建设为契机，发挥郑、汴、洛、新、焦、许六城联动的效应，建设“大郑州都市圈”，形成中原经济区的“核心增长板块”，为“一带一路”提供强劲的板块支撑。

2040 年前后，在早期的中原城市群九市建设的基础上，承东启西、联南通北，扩大整体影响力，充分利用已有的整合基础和国家发展格局中优越的区位条件，在陇海—京广“黄金陆路十字”的联通效应下，建设“大郑州都市连绵区”，即“中原都市连绵区”，形成中原地区的“核心增长区域”，为“一带一路”提供强大的区域支撑。

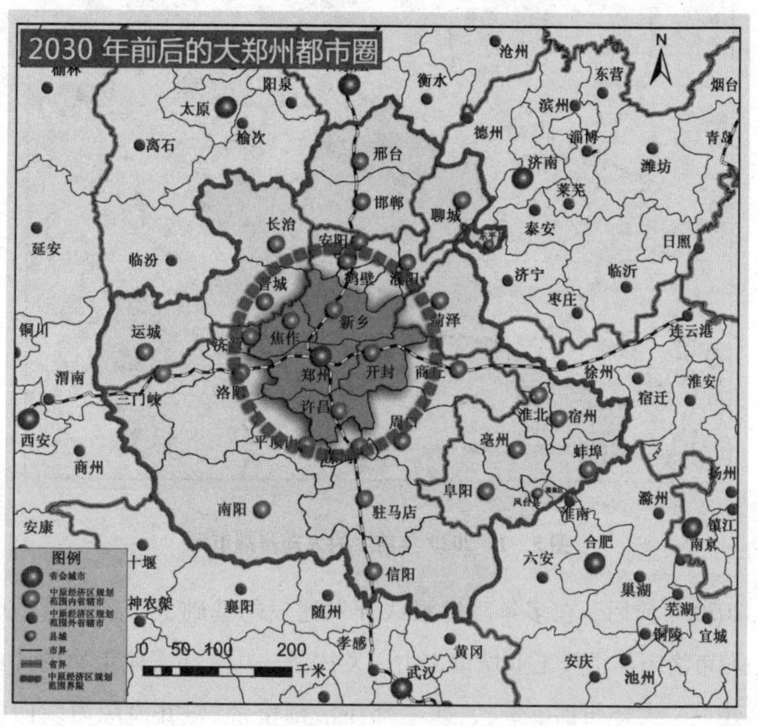

图 5－2　2030 年前后的大郑州都市圈

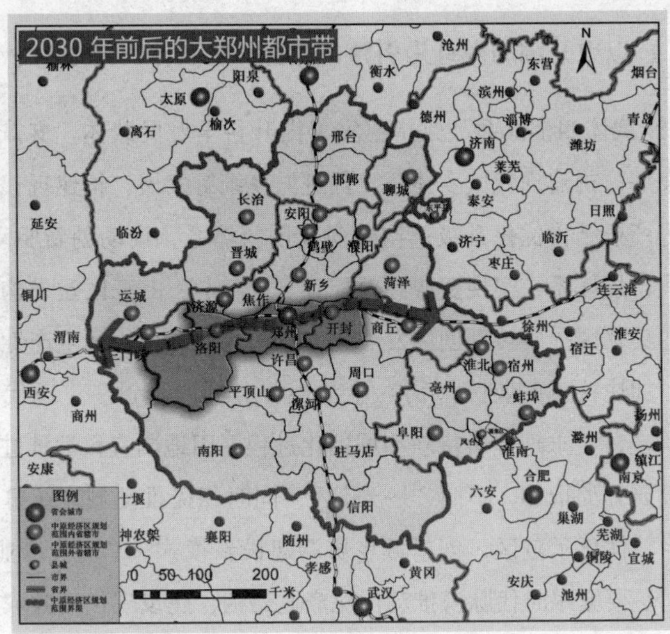

图 5－3　2030 年前后的大郑州都市带

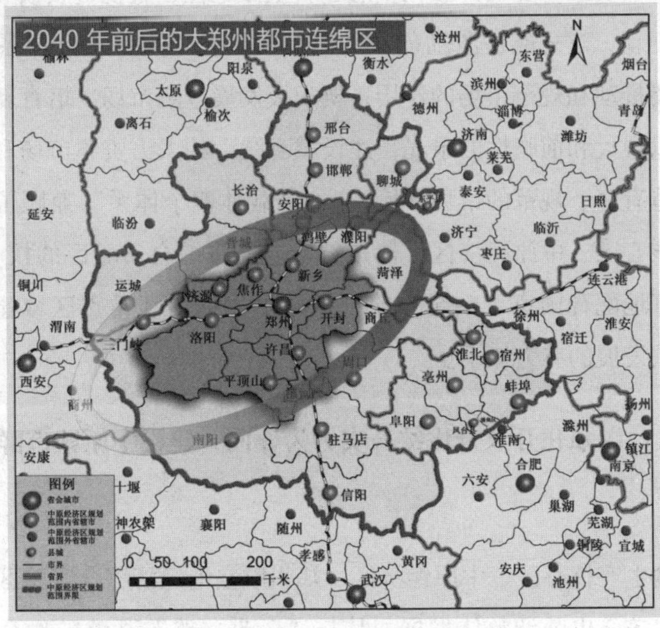

图 5－4　2040 年前后的大郑州都市连绵区

（二）以更开阔的视野为引领，完善一个载体，打造四个体系

“一个载体四个体系”是指：完善提升科学发展载体，支撑带动四化同步发展；构建现代城乡体系，促进城乡统筹发展；构建现代产业体系，推进产业结构优化升级；构建现代创新体系，推动创新驱动发展；构建现代市场体系，实现资源高效配置。“载体”由三区建设构成，即推动产业集聚区提质转型创新发展建设，加快商务中心区生产性服务功能建设，加快特色商业区（街）生活性服务功能建设。“现代城乡体系”的构建，要求理性对待新型城镇化进程，因地制宜科学推进；对新农村建设要分类指导，不搞“一刀切”；同时积极推动城乡统筹，加快建设城乡一体化示范区，创新城乡协调建设新模式。“现代产业体系”的构建，是要紧跟时代脉搏推动优化产业结构，建设现代高效农业、现代先进制造业和现代高成长服务业。“现代创新体系”的构建，是要推动创新驱动发展，明确并强化企业创新主体地位，重视重点领域创新和开放式创新，建立能够激励创新的体制机制。“现代市场体系”的构建，是要推动和规范市场的作用，要积极发展金融市场，培育新兴交易市场，以现代和前瞻性的眼光，建设城乡统一的人力资源市场和土地市场，营造有序、规范的市场环境。“一个载体四个体系”兼顾了实施粮食生产核心区、中原经济区、郑州航空港经济综合实验区的核心要求，能够很好地配合国家“一带一路”战略的国内沿线重点区域建设，是整个区域发展的有力抓手。

（三）以强化开放合作综合实力为导向，建设中原城市群现代城镇体系

粮食生产核心区、中原经济区、郑州航空港经济综合实验区三大战略的突出核心也强调整体发展，其与“一带一路”战略的融合也需要从城镇体系着手，全盘考虑，综合部署。在河南省内，以郑州、洛阳两

市为主要节点，其他16个省辖市为重要节点，辐射最新的中原城市群30个省辖市形成共同参与三大战略和“一带一路”建设的新的空间格局。省域18个省辖市依托国家铁路和公路，自西而东，串联三门峡、洛阳、郑州、开封、商丘；自北而南，串联安阳、鹤壁、新乡、郑州、许昌、漯河、驻马店、信阳；以上述大十字为骨架，并联济源、焦作、濮阳、平顶山、周口、南阳；以网格、圈层、放射相结合的现代城市体系参与建设“一带一路”。通过以陆桥通道为主轴，以京广通道为副轴，向西密切与西北（包括东北部分）、西南等省份合作，参与中蒙俄、中国—中亚—西亚、中国—中南半岛、中巴、孟中印缅经济走廊建设，通过郑欧国际铁路货运班列等与陆上丝绸之路经济带融合。向东重点连接大连、天津、烟台、威海、青岛、日照、连云港、上海、宁波、福州、泉州等沿海港口，与海上丝绸之路连接。通过建设内陆无水港口，构建多种交通运输方式与海运的联运。在加强与太平洋彼岸的美洲国家合作的同时，通过我国北方海港，向北积极强化与东北亚的互联互通；通过南方海港，向南再向西，过南海到南太平洋、印度洋，联通东南亚、南亚、非洲和欧洲。以郑州航空港为核心，构建空中通道。以郑州新郑国际机场为龙头，建设国际航空货运枢纽和国内航空综合枢纽，逐步优化航线网络和通航点布局，建设衔接全球主要经济体的“空中丝绸之路”。加密国内干线，加密欧美与其他沿线国家航线，吸引大型航空公司和物流集成商，形成国际与国内互转的货运航线网络。最终，以郑州为核心，加强地区性中心城市的支撑作用，加快中原城市群一体化进程，组建大郑州都市地区。以郑州自贸区为改革创新动力，推进制度建设与区域经济发展。打造“铁公机海”四港联动综合枢纽，形成丝绸之路经济带上强大的内陆开放枢纽的平台与高地，打造陆空高效衔接的国际物流中心。

（四）以“米”字形高铁为动力，推进国际化陆港建设

构建以郑州为发展极，半径分别涵盖中原城市群9市、河南省18

省辖市、中原经济区26省辖市乃至中原城市群30个省辖市的“半小时核心圈”、“1小时紧密圈”和“1个半小时合作圈”。建设辐射八方的铁路、公路网络，以交通轴带促进城镇产业发展，依托“米”字形综合交通运输通道带动当地人口和产业集聚。“一极三圈八轴带”涵盖中原经济区全域，能够充分发挥郑州国家区域中心城市的辐射带动作用，同时又以区域交通优势为支撑，逐渐形成带有基础性的宏观地域格局，为“一带一路”的河南行动提供空间框架。

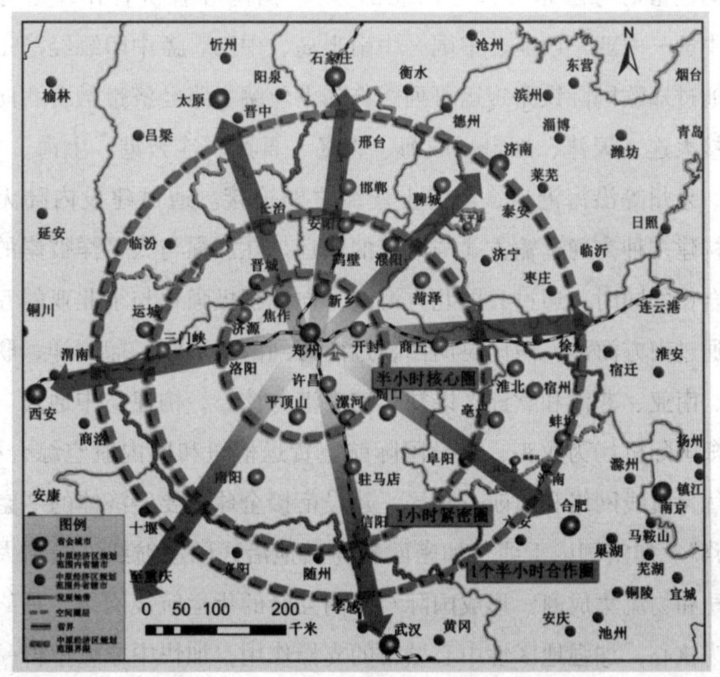

图5-5　一极三圈八轴带

以国际铁路班列为带动的内陆轴带辐射型发展模式，将内陆腹地推向外贸前沿，成为中西部地区拓展经济空间的着力点；以航空港建设为抓手的临空经济模式，更好地顺应了内陆承接沿海高新产业转移的需要，成为盘活区域经济的跃升点；以自贸区为引领的制度创新模式，不同于以往的梯度发展节奏，成为内陆地区扩大开放深化改革的突破点。

河南省顺应潮流，乘势而为，在粮食生产核心区、中原经济区、郑州航空港经济综合实验区三大国家战略规划的基础上又推进郑欧国际铁路货运班列、郑州自由贸易区等项目的建设，成为我国由东部沿海向内陆、中西部全面开放发展的桥头堡。在省域城镇体系内，以郑州、洛阳两市为主要节点，其他16个省辖市为重要节点，形成共同参与“一带一路”建设的新的空间格局。同时，要注意以与沿海港口的铁海、路海、空海联运为组织手段，积极推进国际陆港建设。

（五）以提升主要节点城市辐射带动能力为布局要点，组建沿线城市的行业联盟

要优先在主要节点城市布局重要的先进制造业和现代服务业，坚持高端化、集聚化、融合化、智能化战略取向，发展壮大先进制造业和战略性新兴产业，加快发展现代服务业，组建沿线城市的行业联盟。着力提升区域产业竞争力，瞄准世界科技和产业发展前沿，构建创新驱动型现代产业体系，推进创新链、产业链深度融合，培育一批融入全球价值链创新型企业和产业集群。建设区域创新高地。加快推进郑洛新国家自主创新示范区建设，加强科技资源整合集聚，开展体制机制创新和政策先行先试。统筹郑州东部、开封西部高校园区创新资源，建设郑汴“双创”走廊。依托合芜蚌国家自主创新示范区，深入推进全面改革创新试点，提升蚌埠等皖北城市科技创新和战略性新兴产业集聚发展水平。加快推进国家创新型城市建设，辐射带动周边区域创新发展。培育战略性新兴产业集群。充分发挥郑州、洛阳、新乡、南阳等城市创新优势和国家高技术产业基地的引领带动作用，加强统筹布局和分工协作，联合打造一批创新园区和战略性新兴产业基地，突破产业链关键技术，研究发展全产业链、全生命周期、全溯源链的计量测试技术，加快培育形成生物医药、先进材料、机器人、新能源、新能源汽车等产业集群。

（六）以具有区位优势的区域协同创新平台，加快转型升级

完善区域协同创新平台。围绕产业技术关键领域创新，建设一批在国内具有影响力的创新平台，在有条件的城市设立国家级高新技术产业开发区和产业技术研究院等新型研发机构。健全技术、标准、专利协同机制，建设国家技术标准创新基地，推动跨领域跨行业协同创新，深化产学研协同创新机制，支持行业骨干企业联合高校、科研院所建立覆盖完整创新链、全产业链的产业技术创新战略联盟。鼓励城市间联合开展人才培养和科技攻关，加快创新成果区域间的转化应用，共建一批产业合作与创新转化平台、科技创新园区，打造区域协同创新共同体。加强城市群科技资源共享服务平台建设，制定科技资源共享服务规则，相互开放国家和省级重点实验室、产品质量监督检验中心等平台。发挥农业科研优势，在农业生物基因库、农作物遗传改良、农产品质量安全等领域布局一批大科学装置和国家级研发基地（平台）。

三、中原行动

（一）基础设施建设

重点促进综合交通、信息通信基础设施的互联互通，促进航空与铁路口岸、内陆无水港等开放平台的互联互通，推动跨省域基础设施高效联通，加快对外快速铁路通道建设，建成郑州分别至徐州、至济南、至万州、至合肥、至太原铁路，形成“米”字形快速铁路网。完善国内航空网络，串联亚洲航线，全面提升与“一带一路”沿线国家互联互通水平。加密欧美航线，拓展非洲航线，开通大洋洲航线，构建贯通全球的航线网络。推进淮河、沙颍河、涡河、沱浍河航道建设，加快唐河、洪河等航道开发，建设周口、漯河、信阳等内河港口，形成5条通江达海的水上通道。构建郑州成为“铁公机海”四港联动综合枢纽，

培育壮大一批地区性枢纽城市，加强内陆无水港建设，形成东联西进的多式互济联运格局。争取建设区域互联网交换中心和连接国际通信出入口局的高速通道，持续扩容互联网带宽，构建覆盖全省的高速光纤宽带网络，推进“宽带中原”建设。统筹布局云计算大数据基础设施，构建支撑对外开放的数据高地。优化特殊监管区域布局，完善口岸建设布局，推进跨区域一体化通关。

（二）能源资源合作与建设

与国家能源通道建设衔接，积极融入国家油气战略，推动骨干企业参与海外能源资源开发合作，提升能源资源合作水平。打通海上原油管输通道，开辟利用西南石油资源新途径，构建省内“井”字形国家干线输气通道，构建多方向多途径“外电入豫”和省间调剂电力通道。推动成品油管道和输配中心、燃气管道和储存库、煤炭储配园和储配中心建设，建设区域性油品输配中心，建设中原油田、平顶山叶县等大型储气库。推动鹤壁、南阳等规划内大型煤炭物流储配园区建设，建成全国重要的煤炭储配中心。推动骨干煤炭企业、骨干电力设计建设企业逐步开拓沿线国家电力建设市场，积极开展能源资源对外合作。

（三）国际产能合作

按照资源禀赋和比较优势推动产业布局国际化，在更高层次上参与国际分工，形成优进优出的发展局面。推动高水平承接先进制造业和现代服务业的产业转移。支持省内涉农龙头企业在境外进行农作物种植、畜牧业养殖、农产品加工等领域的投资与项目合作，推动在农业资源丰富的沿线国家进行仓储物流、生产加工、国际贸易等项目投资。支持装备制造、客车与农机等领域的优势企业在中亚、东南亚等地区投资建设生产线、备件仓库、散件组装和服务中心，积极参与工业园区合作开发，联合设立研发中心。强化金属、非金属、建材等材料的合作开发，建设面向国外市场需求的生产线。利用东南亚、南亚、中亚等地的资源和劳动力优势，推动棉纺、食品等企业投资建厂。积极参与在沿线中心城市建设综合物流园区、保税仓、电商海外仓，拓展专业物流市场。依托产业集聚区，培育“百千万”亿级优势产业集群，积极承接国际国内产业转移，积极融入全球制造业供应链和销售链体系。加强与国外金融机构合作，建设国际金融合作区、金融创新园区、新型金融产业创新创业综合体及专业跨境金融服务中心。

（四）经贸合作

积极搭建贸易促进平台，加快培育出口竞争新优势，扩大沿线国家特色产品进口。申建中国（河南）自由贸易试验区，统筹郑州、洛阳和开封片区，建设大宗商品交易和期货交割平台。扶持跨境商务，建设中国（郑州）跨境电子商务综合试验区探索建立跨境电子商务新型监管服务模式，建设跨境贸易电商平台，构建跨境电子商务产业链和生态链。完善体制机制，建设保税展示交易平台，加快建设综合服务平台、综合园区平台、人才培养和企业孵化平台。打造郑欧班列品牌，加密现有出境班列，开辟新的出境线路，实现双向运输平衡，加强郑州与班列沿线哈萨克斯坦、俄罗斯、白俄罗斯、波兰、德国等国的经贸联系。推动郑州国际陆港多式联运物流监管中心建设，实现海陆空邮通道高效衔接。优化货物贸易结构，深耕美欧、日韩、东南亚等传统市场，开拓中亚、南亚、西亚、北非等新兴市场。规划建设一批特色出口基地，支持以大宗商品交易平台为核心的国际采购中心建设。扩大服务贸易规模。推动传统服务、特色服务、信息服务、中介服务等企业开拓海外市场，建设郑州、洛阳等服务外包示范城市，支持企业申请对外承包工程劳务合作经营权。

（五）金融领域合作

积极开展金融国际合作，扩大人民币跨境使用，充分利用国际国内资金，建立企业“走出去”的资金保障体系。支持省内企业开展直接境外投资，鼓励境外机构使用人民币对内直接投资。鼓励金融机构积极开展离岸人民币业务，支持合作开展跨境电子商务外汇和人民币支付业务，支持在郑州航空港开展跨境人民币贷款和人民币贸易融资资产跨境转让业务。完善金融保障体系，加强与国家开发银行、中国进出口银行和大型商业银行合作，积极争取亚洲基础设施投资银行、丝绸之路基金等合作项目的支持。加强风险保障服务，扩大出口信用保险规模和覆盖面。

（六）人文交流合作

依托与沿线国家的历史文化渊源，加强人文交流，为深化合作奠定坚实的民意和社会基础。积极参与“丝绸之路文化之旅”，与沿线国家加强旅游合作，联合举办丝绸之路艺术节、河南文化年，宣传推广历史、民俗文化，加强禅武、太极文化海外交流，扩大宋文化等影响力，传承并发扬古丝绸之路精神。突出“古丝绸之路”主题，建设具有较高知名度的国际旅游目的地和客源地。打造一批黄金旅游点，整合旅游资源和品牌，积极策划开发一批独具特色的系列旅游产品，与沿线省份共同建设丝绸之路文化旅游产业带。围绕文化新丝路主题，打造精品项目，通过音乐、演出、动漫、网游等文化产品和文物外展、丝绸之路考古，培育并拓展中原文化海外传播平台。实施“留学河南计划”，鼓励高校与沿线国家高水平大学开展中外合作办学，支持中医、武术、农业等特色院校赴沿线国家开展合作办学或设立海外分校，支持学者进行访学、合作研究和参加高水平学术活动，鼓励高校及研究机构合作共同设立研究组织和合作课题。构建与沿线国家医药卫生科技交流合作平台，发挥中医药大省传统优势，推进与沿线国家开展中医药技术交流合作。与沿线国家共建技术研发中心、技术转移机构和科技创业园，引进海外关键技术和研发团队，建设联合实验室、科技成果转移转化基地。开展国际企业境外孵化服务，促进国际交流培训和项目合作。积极推动高层次人才交流合作，鼓励专业技术人员依托项目参与国际科研合作，推广成熟的先进技术，实施一批国外专家和智力引进项目。

参考文献

［1］杜德斌，马亚华．“一带一路”：中华民族复兴的地缘大战略［J］．地理研究，2015，34（6）：1005－1014.

［2］国家发展改革委，外交部，商务部．推动共建丝绸之路经济带和21世纪海上丝绸之路的愿景与行动［N］．人民日报，2015－03－29（第04版）.

［3］河南省发展和改革委员会．河南省参与建设丝绸之路经济带和21世纪海上丝绸之路实施方案［EB/OL］．http：//www. Henan. Gov. cn/jrhn/system/2015/12/01/010603882. shtml. 2015－12－01.

［4］“河南日报”编辑部．河南省全面建成小康社会加快现代化建设战略纲要［N］．河南日报，2015－01－05（第01版）.

［5］“河南日报”编辑部．融入“一带一路”河南脚步铿锵［N］．河南日报，2015－12－13（第01版）.

［6］河南省社会科学院省情研究中心课题组．河南实施三大国家战略规划的总体评估［N］．河南日报，2014－12－31（第14版）.

［7］刘卫东．“一带一路”战略的科学内涵与科学问题［J］．地理科学进展，2015，34（5）：538－544.

［8］睢党臣，董玉迪．中国新丝绸之路经济带科技效率的测度及分解——基于DEA－Malmquist指数的方法［J］．地域研究与开发，2015，34（5）：19－23.

[9] 王发曾．科学谋划大郑州都市区［N］．河南日报，2014-02-12（第04版）．

[10] 王发曾．从规划到实施的新型城镇化［J］．河南科学，2014，32（6）：919-924．

[11] 王发曾．“一带一路”战略重构地域发展格局［N］．河南日报，2015-05-29（06）．

[12] 王发曾．丝路经济带战略在河南［N］．汴梁晚报，2015-12-18（A24）．

[13] 王发曾，毛达．“一带一路”战略的河南行动［J］．地域研究与开发，2016，（05）：25-29+59．

[14] 习近平．关于《中共中央关于制定国民经济和社会发展第十三个五年规划的建议》的说明［J］．理论学习，2015（12）：4-19．

[15] 杨保军，陈怡星，吕晓蓓，等．“一带一路”战略的空间响应［J］．城市规划学刊，2015（2）：6-23．

[16] 中共河南省委关于制定河南省国民经济与社会发展第十三个五年规划的建议［N］．河南日报，2016-01-04（第01版）．

[17] 仲俊涛，米文宝，米楠，等．丝绸之路经济带陆路西北段城市体系与开放性研究［J］．地域研究与开发，2016，35（1）：27-33．

索　引

后　记

正如《河南实施三大国家战略规划的总体评估》所述："国家粮食生产核心区规划、中原经济区规划、郑州航空港经济综合实验区规划三大国家战略规划，赋予了河南前所未有的发展机遇和战略平台。"在三大国家战略的引领下，河南省积极适应经济发展新常态，在抢抓机遇中乘势而上，加快"一个载体、四个体系、六大基础"建设，着力打造"四个河南"、推进"两项建设"，河南省经济社会发展水平和对外开放合作水平取得了突破性的提升。在国家"一带一路"大开放战略的催化下，在中国（郑州）跨境电子商务综合试验区、河南自贸区、郑洛新国家自主创新示范区、中原城市群等战略叠加的影响下，河南省经济社会发展又迈向了一个新的征程。

河南大学环境与规划学院"城市—区域综合发展"学术团队长期致力于河南省的战略规划研究，编写了《新型城镇化引领三化协调科学发展》《当代城市化背景下的中原城市群经济整合研究》《中原经济区主体区现代城镇体系研究》《中原经济区建设热点问题解读》等著作，撰写了《中原经济区新型城镇化之路》《中原经济区三化协调之路》《中原经济区城市体系空间组织》《中原经济区农业现代化的状态评价与定位推进》等一系列论文。在见证河南省三大战略规划实施的过程中，在参与解读"一带一路"的学术研究中，城市—区域研究团队获批河南省社会科学普及项目《解读中原地区三大战略规划与"一带一路"战略》（立项号：259），为我们进一步深入研究中原经济区建设问题提供了强大的动力支持，也激励着我们继续为"决胜全面小康让中原更加出彩”的建设目标不断奋斗！

尽管任务紧、时间短，本书作者还是按照《解读中原地区三大国家战略与“一带一路”战略》项目的要求展开研究，带着拼搏的精神尽心尽力完成了这项任务。这是因为，首先，解读河南省三大国家战略规划和“一带一路”战略，为普通大众和相关专业人士宣传河南省的战略规划成果，我们愿意贡献属于中原学者的一份责任和义务；其次，我们“城市—区域综合发展”学术团队具有深厚的学术积淀和已有学术成果的支撑，有信心按时完成任务；最后，团队成员老中青搭配合理，既有获得“中原经济区特别贡献奖”的资深专家，又有致力于中原经济区研究的专业学者，还有带着浓厚科研兴趣和青春激情的博士生、研究生，能做到专业深度与普及广度的较好结合。

本书的结构和作者分工如下：第一章为河南省国家粮食生产核心区建设规划，由张改素、蔡冰冰负责；第二章为中原经济区规划，由丁志伟、康江江、张改素负责；第三章为郑州航空港经济综合实验区建设规划，由刘静玉、胡萌、李宁负责；第四章为“一带一路”战略，由丁志伟、刘晓阳、王敏负责；第五章为“一带一路”战略的中原行动，由毛达、王发曾负责。

在写作的过程中，要特别感谢闫峻、秦耀辰、朱连奇、秦明周、翟秋敏、周志民、刘会军、秦奋、孔云峰等河南大学环境与规划学院领导对本书的高度关注，感谢河南大学环境与规划学院徐晓霞、闫卫阳、赵威等老师对本书的关心和指导，感谢河南大学环境与规划学院资料室陈蜀园、蒋引娣老师提供了研究所必需的部分文献资料。在此向所有关心并帮助我们的专家、领导一并表示诚挚的感谢！

按照河南省社会科学普及项目的要求，按照普适性、生动性的语言特点和图文并茂的要求，本书作者对河南省三大战略规划与“一带一路”战略进行了解读，以期让关注河南省经济社会发展的普通民众更深刻地了解河南省国家战略规划核心内容和战略关联，为中原崛起、河南振兴、富民强省贡献一点我们的力量。我们尽力了，但由于水平所限，我们的眼界还不够高远，认识还不够深刻，书中难免有不尽如人意之处，甚至有谬误之处。恳请读者不吝赐教，谢谢！

张改素

2016 年 1 月 31 日

于河南大学环境与规划学院城市与区域研究室

城市—区域综合发展系列丛书

河南大学“城市—区域综合发展”是教育部黄河中下游数字地理重点实验室支撑的研究方向。该方向的源头为我国著名人文地理学家李长傅教授对20世纪中叶中原地区历史时期城镇体系的研究，传续于李润田、黄以柱等教授的城镇化和区域发展研究。经过几十年的积淀，逐渐形成了现阶段以王发曾教授为代表的中原地区城市—区域综合发展为特色的研究团队。该团队基于城乡发展的本源，深入研究城市—区域系统的运行机理及其优化，不仅注重理论创新，更强调服务于中原地区的经济社会建设的社会责任。在《地理学报》《地理研究》《城市规划》《地理科学》《人文地理》等刊物发表论文50余篇，近期在中国经济出版社已出版和将要出版的专著包括：

中原经济区建设热点问题解读

ISBN 978-7-5136-4103-6

丁志伟　王发曾 / 主编

2016年1月

48.00元

解读中原地区三大国家战略规划与“一带一路”战略

ISBN 978-7-5136-4671-0

张改素　丁志伟 / 主编

2017年5月

48.00元

中原经济区“五化”协调发展的状态评价与优化组织

ISBN 978-7-5136-4670-3

丁志伟 / 著

2017年5月

78.00元

城市—区域系统综合发展的理论与实践

丁志伟　王发曾 / 主编

2017年9月

基于新型城镇化的中原经济区城乡统筹发展研究

张改素 / 著

2017年9月